KB023612

평생 경력단절 없는

엄마의 공부방

평생 경력단절 없는
엄마의 공부방

초판 1쇄 발행 2017년 12월 20일

글쓴이 임보라

펴낸이 김왕기
주 간 맹한승
편집부 원선화, 김한솔, 조민수
마케팅 임동건
디자인 이민형

펴낸곳 **(주)푸른영토**
주소 경기도 고양시 일산동구 장항동 865 코오롱레이크폴리스1차 A동 908호
전화 (대표)031-925-2327, 070-7477-0386~9 팩스 | 031-925-2328
등록번호 제2005-24호(2005년 4월 15일)
홈페이지 www.blueterritory.com
전자우편 blueterritorybook@gmail.com

ISBN 979-11-88292-38-7 03320

임보라 지음

푸른영토

프롤로그

공부방, 멋진 엄마, 행복한 여성의 꿈을
실현할 수 있는 곳

경단맘

워킹맘

전업맘

맘충

승포맘

⋮

이들의 단어엔 공통점이 있다. 아이를 키우는 여자라는 점! 그리고 뭔가 짠하고 억울한 느낌이 드는 부정적인 여성을 지칭한다는 점이다. 두 사람이 만나 결혼한 대가로 여자의 발목엔 족쇄 아닌 족쇄가 채워진다.

보다 정확히 말하자면, 여자의 인생은 결혼 후 달라진다기보다 출산 후 달라진다. 결혼만 하고 아이가 없다면 맘충이니 승포맘이니 전업맘이 될 이유가 하나도 없다. 왕년에 공부 좀 해서 석 박사 학위가 있다한들 아이를 낳고 '엄마'라는 두 번째 이름을 얻으면 만년 집안일 박사만 된다.

육아를 하는 엄마들은 자신의 꿈을 펼치지 못하고 한 곳에서 만난다.

바로 놀이터!

동네 엄마들과 만나 위안과 하소연의 향연을 벌이다가, 아이들이 어린이집에서 돌아올 시간에 맞춰 뿔뿔이 흩어지는 반복되는 일상! 같은 대학을 나온 남편은 이제 자리도 잡고 잘 나가는데 '애나 키우며 나는 이게 뭔가……. 나도 공부 좀 했고, 하고 싶은 것도 많은 여잔데' 하는 박탈감을 느낀다. 매일 매일이 무기력한데다 육아 우울증까지 덮쳐 힘들게 하네. '어쩌다 전업맘이 돼서 이럴까…….' 괜히 옆집 워킹맘에 대한 질투도 느낀다.

하지만 워킹맘이라고 별 다를 건 없다. 아침 일찍 일어나 졸린 아이 깨워 씻기고 먹이고 전쟁을 치루며 어린이집 데려다주고 출근한다. 그리고 얼마 지나지 않아 어린이집에서 아이가 아프다며 전화가 온다.

친정엄마 찬스라도 쓸 수 있는 사람은 복 많은 여자다. 많은 엄마들이 육아도우미 아주머니가 그만둔다고 할까봐 월급을 주면서도 눈치를 본다. 100% 맘에 들지 않아도 보너스와 명절선물도 챙겨드리며 비위도 맞춰 주지만 통장 잔고는 참 소박하기도 하지. 월급의 대부분은 도우미비용으로 나간다.

하지만 어쩌랴! 일을 놓치면 안 된다. 그녀들은 스스로를 타이른다. '주변의 경단녀들을 많이 보지 않았던가. 조금만 버티자.' 기어이 버텨낸 우리의 선배맘들은 아이는 금방 크니 버티라고 한다.

그런데 이놈의 육아는 끝날 줄을 모른다. 선배맘 아이는 금방 컸는지 모르겠지만, 내 아이는 통 자라지 않는 것 같다. 초등학교에 입학하니 웬걸? 더 바쁘다. 손이 많이 가니 그맘때 일을 그만두는 여자들도 꽤 많다.

독하게 자리를 사수한 여자들은 퇴근 후 파김치가 되어서 집에 온다. 하지만 끝이 아니다. 집안일과 아이 숙제 봐주기 등 할 게 또 산더미다. 직장 끝난 후 또 다른 직장이 기다리고 있는 이 지긋지긋한 일상!

육아 휴직을 마치고 복직한 여성들은 또 어떤가? 복직을 축하하는 꽃다발 대신 낮은 인사고과가 기다리고 있다. 사실 승진을 포기하라는 말이나 다름없다. 성공적인 커리어 우먼을 꿈꾸던 여성이 아이를 낳고 돌봤다는 이유로 '승포녀(승진포기여성)'가 되어버린다.

결혼하고, 사랑스러운 아이를 키운 대가치고는 여자에게 따라붙는 수식어들은 매섭고 차갑다.

더 허탈한 건 열심히 키워놨더니 아이들이 묻는 말.

"엄마는 꿈이 뭐야?"

"친구 엄마는 화장 예쁘게 하고 일하는데 멋져 보이더라."

한 대 맞은 느낌에 비틀거릴 때, 남편의 인정사정없는 펀치가 날아온다.

"애 좀 컸으니 당신도 이제 슬슬 일 좀 하면 어때?"

마음 같아선 이단 옆차기라도 날리고 싶다, 정말!

통계에 의하면 10명 중 5명의 여성의 가장 큰 경력단절 이유는 '임신, 출산, 육아'이다. 갖은 핍박과 불이익으로 인해 한참 일해야 할 여성의 경제활동이 위축되고 있는 것이 대한민국의 현실이다.

아이 키우며 안정적이게 돈을 벌고, 직업을 영위하는 방법은 없을까? 많은 엄마들이 하는 생각일 거다. 나도 끊임없이 고민했다.

이제 나는 자신 있게 그런 직업이 있다고 답할 수 있다. 바로 공부방이다. 창업자의 3분의 2가 3년 안에 문을 닫는다는 통계청 데이터를 감안하면, 공부방은 비교적 적은 비용이 들어 리스크가 작다. 실제로 주변을 둘러보면 논술, 영어, 수학, 역사, 미술, 피아노 등 자신의 적성과 소질을 잘 살려 야무지게 공부방을 운영하는 주부들이 참 많다. 아이를 키우니 학생들 성향도 잘 파악할 수 있고, 집안일과 자녀 교육을 병행할 수 있다. 멋진 엄마이자 가정 경제에 도움이 되는 든든한 아내가 될 수 있으니 말 그대로 '꿀잡'인 거다.

이 책은 내가 공부방을 창업하기 위한 준비과정과 발로 뛰고 부딪힌 경험들을 가감 없이 솔직하게 담았다. 공부방 창업을 하고 싶은 분들에게는 앞서 나간 선배의 조언이 될 것이며, 뭔가를 시작하고 싶어 꿈틀대는 여성에게는 공부방의 매력을 맛볼 수 있는 기회가 될 것이다.

당신의 꿈은 단절되지 않는다. 단절되어서는 안 된다!

주저하지 말고 책을 펼쳐보자!

차례

제 2 장 엄마의 공부방 준비단계

제 3 장 이것만 알아도 살아남는다

제 4 장
스트레스는 친구다

제 5 장
엄마의 공부방 시크릿 노하우

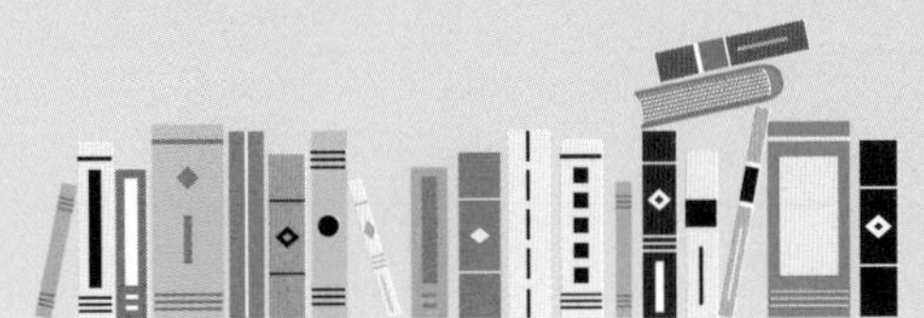

제 6 장 잘 나가는 엄마표 공부방 꿀팁 대공개

〈임보라의 ONE POINT 멘토링 레슨〉

공부방 운영 시 부딪치는 현장문제 해결 팁!

제 1 장

이제 나는 나를 고용한다

나는 누구인가?

경력단절 여성의 막막한 창업의 길

결혼 후 행복하기만 하고, 잘 풀릴 것만 같던 제 인생에 태산 같은 고민이 생겼습니다. 육아와 동시에 경력이 단절된 후부터 고민은 깊어만 갔습니다. '남편 혼자 벌어오는 돈으로 우리 네 식구가 돈 걱정 없이 살 수 있을까?' 하는 마음 때문이었지요. 더구나 이렇게 육아만 하자고 대학교 졸업장을 받아든 건 아니었기 때문에, 학위도 사회생활 경력도 아깝기만 했습니다.

이런 고민은 장차 '창업을 해보겠다'는 생각까지 하게 만들었습니다. 창업에 대한 생각을 한 번도 해보지 않은 대한민국의 전업주부가 있을까요? 창업을 해보자고 마음먹고 나니, 어떤 아이템으로 창업을 할지 몰두하게 되었습니다. 돈만 있으면 유명 프랜차이즈로 쉽게 창업할 수도 있지만, 저는 자본도 창업 경험도 전무했던 상태였기 때문에 최대한 적은 자본으로 할 수 있는 창업 아이템을 조사하기 시작했습니다. 그러나 조사를 하면 할수록 막막해졌습니다. '대박'을 내기보다 그냥 '살아남기'라도 하면 그나마 다행인, 말 그대로 '생존시장'이 돼 버린 지 오래였기 때문이었습니다.

국세청이 발간한 '2016 국세통계연보'를 보니 3명 중 2명은 창업에 실패한 셈이었습니다. 이 중에서 20.6%는 외식 창업이고 그다음이 소매업, 서비스업이라고 합니다. 길을 지나다 보게 되는 무수한 식당, 치킨집 그리고 카페만 봐도 알 수 있습니다. 아이러니하고도 슬픈 것은 치킨집이 망해나간 곳에 카페가 들어왔다 나가고 또 다시 치킨집이 들어온다는 겁니다.

'설마 나는 아니겠지'라는 막연한 자신감으로 창업을 용감하게 한다고 해도 소자본이라는 말이 무색하게 인테리어, 집기, 권리금, 보증금 등을 포함하면 6천만 원~1억 가까이 드는 것을 알게 됐습니다. 정말 이것이 소자본 창업이 맞나요? 제가 생각하는 소자본은 이에 비하면 반의반도 안 됐기 때문에 남들이 다 하는 분야의 창업은 하지 말아야겠다고 마음을 접었습니다.

주부 소자본 창업에 최적화된 공부방 창업

다시 원점으로 돌아와서 저는 제가 가장 잘할 수 있는 것이 무엇인지부터 생각해 봤습니다. 일단 저는 법학과를 졸업했지만, 영어를 잘했고 영어 강의도 해봤기 때문에 영어에 있어서는 회화든, 강의든 다 자신이 있었습니다. 영어를 기반으로 한 여러 가지 교육업 중에 가장 많은 것이 '학원'인데 이건 어떨까 조사해 봤습니다.

'대한민국 사교육1번지'라는 대치동과 '강북의 대치동'인 중계동의 학원들은 임대료를 내지 못해 골목으로 파고들어 소형화하는 추세이고, 이것도 어려워서 학원을 접고 인근 아파트를 빌려 학생들을 가르치는 형태로 변했다고 하더군요. 은마아파트 사거리 대로변 학원의 권리금은 몇 년 전에는 5천만 원은 받을 수 있었지만 지금은 권리금은 꿈도 못 꾸는 상황이라고 하니, 교육업계도 불황의 화살을 피해갈 수는 없는 것이 현실이었습니다.

더구나 교육업이 힘들어진 배경에는 인구감소로 학원을 다니는 학생이 많이 줄어든 이유도 있었습니다. 현재의 중학생이 고등학생이 되면 30만 명 정도가 줄어듭니다. 마냥 호황일 것만 같았던 교육업에도 인구절벽이라는 칼바람이 불게 된 것입니다.

조사를 마치고 나니, 나는 그럼 영어를 기반으로 어떤 일을 시작해야 하는지 점점 고민의 늪으로 빠지게 되었습니다. 그래서 원칙을 세웠습니다.

첫째, 아이템은 영어교육
둘째, 투자금은 1천~2천만 원
셋째, 육아 시간을 확보할 수 있는 방식
넷째, 망하더라도 타격이 작을 수 있는 소규모

이 네 가지 조건을 충족하는 아이템을 최종적으로 찾은 것이 바로 '공부방'이었습니다. 영어를 특화해서 교육하는 영어 공부방을 운영하기 때문에 첫 번째 조건 충족. 우리 집에 책상과 의자만 두고 시작할 수 있었기 때문에 두 번째 조건도 충족. 집이 곧 공부방이라 육아도 가능했기 때문에 세 번째 조건도 충족. 혹시나 아이들이 모집되지 않더라도 매장이 있는 것이 아니었기 때문에 타격이 적다는 것은 확실했습니다.

그래서 저는 '영어 공부방'을 아이템으로 창업을 결심하게 됐습니다. 큰 밑천 들이지 않고 시작할 수 있는데다, 시간 있는 주부인 저에게 이보다 알맞은 일은 없다고 최종 결론을 내리게 된 것입니다.

이렇게 시작한 공부방 창업 4년을 맞이해보니, 1인이 운영하기 때문에 수강생은 많을 수 없지만 순수익으로 따지면 오히려 번듯한 건물에서 큰 간판을 달고 운영하는 원장보다 더 실속 있습니다. 경기 불황에 '최후의 1인 학생만 남는다' 해도 망하지 않는 것은 공부방일 것입니다.

나를 찾아가는 꿈 노트

아이를 낳고 키우며 자의반 타의반으로 경력단절녀가 된 여성이나 현직에서 계속 자신의 커리어를 쌓고 있어도 막상 조직을 벗어나 나만의 1인 사업을 구상하려면 두렵고 움추려들기는 마찬가지입니다. 사실 내가 누구인지도 모르겠고 뭘 원하는지 또 뭘 잘하는지 막연하기만 한 것이 당연지사일지도요.

이럴 때 차분하게 정리를 해보면 어떨까요! 머릿속으로 막연하게 떠올리는 것과 종이 위에 글을 정리해보는 것은 확연히 다름을 몸소 실천으로 느끼고 있습니다.

자, 일단 필기구를 가져와 아래의 항목을 작성해 보세요.

1 나의 강점은?
ex. 나는 ________를 잘한다

2 지금까지 해온 일 중 크게 성과를 낸 일들은?

3 지금까지 가장 오래 하고 있는 일은?

4 내가 특별히 잘 아는 분야나 일은 무엇인가?

5 1년 후 또는 3년 후 나는

__________일(직업/사업)을 하고 있을 것이다

6 나는 __________할 때 행복감을 느낀다

7 나에겐 __________하는 재능이나 재주를 타고 났다

8 지금 당장 소망하는 것은 무엇인가?

9	친구들은 나를 보고 __________를 잘한다고 말한다
10	창업을 하고 어느 정도 원하는 수입을 올린다면 하고 싶은 것들은 무엇인가?

각 항목을 작성하며 본인에 대해서 아는 기회를 가지고, 더 나아가 자신이 무엇을 하고 싶은지를 알 수 있을 겁니다.

또 내 가슴에 이런 열정이 있었나? 불씨를 발견할 기회가 될 수도 있고요.

잘 나가는 사람들의 비밀

성공하는 창업은 치밀한 준비에 달려있다

'대용량 과일 주스', '대만 카스테라', '닭강정' 드셔 보셨지요? 줄이 길어 궁금해서라도 드셔 보셨을 것이고, 호기심에서라도 드셔 보셨을 겁니다. 최근에는 '핫도그' 가게가 동네마다 사람들을 줄 세우더라고요.

이렇게 뜨는 창업 아이템은, 경험으로 아시겠지만 길게 운영되지 않더라고요. 저는 그 이유가 돈을 벌 수 있는 잇 아이템it item이라는 말에 혹해서 잘 알아보지도 않고 무턱대고 일을 저지르기 때문이라고 생각합니다.

앞에서 잠깐 핫도그 가게에 대해 언급했는데, 최근 우리 동네에도 핫도그 가게가 생겼습니다. 너도나도 줄을 서기에 저도 옛날 생각이 나서 들어가 봤습니다. 그런데 가게에 들어선 순간 오래 못 가겠다는 생각이 들었어요.

계산만 하는 사장님, 소자본 창업 아이템인데 손님과 비슷한 수의 직원, 웃지 않는 표정, 오픈 직후인데도 관리되지 않은 매장 위생 상태를 통해 매출에 대한 열정, 시뮬레이션, 직원 교육, 매장 관리, 그 어느 것도 준비되지 않았다고 느꼈기 때문입니다.

창업은 그렇게 호락호락한 게 아니라고 말씀드리고 싶습니다. 멋지게, 화려하게 투자를 해서 나만의 사업을 출항하면 손님이 쏟아져 올 거라고 생각하는 건 그 사람이 그만큼 순진하다는 말입니다.

큰 리스크 없이 내가 좋아하고 내가 가장 잘하는 '영어'로 창업을 해보자고 맘먹은 후에는 준비하는 데 많은 시간을 할애했습니다. 준비한 만큼 자본이 적게 들고, 오래 운영할 수 있을 거라 생각했기 때문입니다. 여기저기 알아보고 지인들을 통해 정보를 듣고 정부에서 지원하는 영어도서관 창업 과정에 130시간을 투자하며 창업과 경영, 마케팅이론, 영어교육트렌드, 창업인턴근무를 했습니다. 그리고 주말이면 친정과 남편에게 아이들을 맡겨놓고 시장조사를 하며 계속 연구하였습니다.

작은 공부방 하나 창업하려고 하면서 이렇게 준비에 준비를 거듭한 데는 이유가 있습니다. 주변 지인의 사례를 간접 경험으로 받아들였기 때문입니다. 지인 중 커피숍 창업을 위해 적지 않은 나이에도 불구하고 카페에 취업해서 스파르타식으로 실전 경험을 해보고, 그 기술과 노하우를 가지고 카페를 오픈해서 좌충우돌하는 시간을 세이브 한 지인이 있습니다. 이와 반대로 여유 있게 출근해 '사장님놀이'를 하고 싶어 자체적으로 창업 로드맵을 짰다가 현실을 혹독하게 경험하고 폐업한 지인도 있습니다. 그분은 이렇게 말했습니다.

"커피는커녕 화장실 갈 틈 없고 온 몸이 아파서 병원비가 더 나왔어. 게다가 웬 진상손님이 카페에 그리 많아. 난 카페에는 우아한 손님만 있고 진상은 없을 줄 알았어. 자영업이 그런가 봐. 그래서 '진상 is everywhere'이라는 말이 괜히 나온 말이 아닌 듯해."

또 집에서 수제떡케이크와 답례떡 등을 만들어 블로그에 포스팅하다 인기가 많아져 입소문이 나고 판매가 활발해지면서 몇 년 후 스몰 점포로 나간 친한 동생도 있습니다. 지금은 민간자격증과정도 개설해 창업반도 운영하고 열일 하는 동생이지만, 제가 옆에서 본 그 동생은 창업 전후로 많은 공부와 연구를 했고, 현재도 각종 요리대회에서 수상하며 실력과 명성을 유지하고 있습니다. 그것도 모자라 시간을 쪼개 요리 장인들을 만나 온갖 기술을 섭렵하고 다닙니다. 가까이서 지켜보니 '성공하는 사람은 그냥 되는 게 아니구나'라는 걸 새삼 느낍니다.

일시적인 오픈 빨로 반짝 떴다가 쥐도 새도 모르게 사라지는 창업자들이 많습니다. 다만 실패한 사람은 말이 없다지요. 조용히 사라지기 마련입니다.

저는 다음의 그림을 참 좋아합니다. 사람들이 보는 건 한 사람의 성공결과점입니다. 하지만 수면 아래 그 사람의 많은 실패, 헌신, 포기하지 않는 불굴의 의지와 노력은 보이지 않는 영역입니다. 그들이 얼마나 많은 노력과 준비를 했는지 사람들은 보지 못합니다.

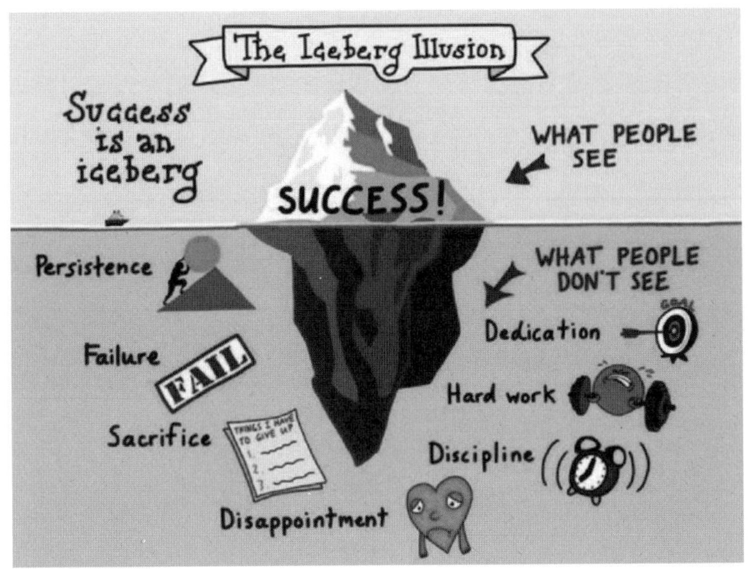

추락하는 별이 될 것인가 톱스타로 자리매김할 것인가!

우리는 TV에서 잘 나가는 아이돌이 노래 뿐 아니라 연기까지 섭렵하는 모습을 보게 됩니다. 연기까지 잘하면 이런저런 말이 안 나오겠지만 대부분 반짝 인기로 연기를 넘보는 것이기에 '발연기'라는 악플과 비난을 받게 되는 경우가 많습니다. 준비가 안 된 상태에서 그 인기는 지속가능성이 떨어집니다.

반면에 국민배우라 불리는 연기파 배우들은 끊임없이 공부를 합니다. 톱스타 하정우 씨의 경우 〈범죄와의 전쟁〉윤종빈 감독, 최민식·하정우 주연의 부산 조직 보스역을 위해 서울에서 트레이닝을 받다가 부산으로 어학연수까지 갔다고 합니다. 또 한 명의 톱스타인 최민식 씨는 〈명량〉김한민 감독, 최민식·류승룡 주연에서 이순신 장군 역을 위해 이순신에 관한 책들을 그야말로 '눈이 빠지게 공부'했다고 합니다. 대중들은 이런 대배우들의 숨은 노력을 연기를 통해 가려냅니다. 그렇기에 롱런하는 배우로 남는 것이겠죠. 대중의 눈은 날카롭습니다.

마찬가지입니다. 창업 후 매출이 발생하고, 이익이 나는 궤도에 오르는 것은 어렵지만 추락은 한 순간입니다. 준비되지 않은, 지속가능하도록 공부하지 않는 창업자를 대중은 날카롭게 가려냅니다.

저는 2009년부터 본격적으로 창업 준비를 시작했고 2013년 말에 영어 공부방을 오픈해, 총 5년간 창업 준비를 했습니다. 작은 창업이라고 대충 생각하시면 안 된다고 말씀드리고 싶습니다. 일단 시작하면 어떻게든 될 거라고 생각하지 마십시오. 상대적으로 시간적 여유가 있는 창업 전에 많은 공부와 연구를 하셔야 합니다. 그리고 '톱스타' 자리를 유지하기 위해 창업 후에도 끊임없는 '연구'와 '배움'은 멈추지 말아야 합니다.

〈임보라의 ONE POINT 멘토링 레슨〉

1. 공부방 입주민 동의서 처리요령

Q 9살, 7살 아이 둘 키우는 전업맘이에요. 전에 방과 후 미술 교사로 근무했었고 출산 후 육아하며 일을 다시 시작하려고 하는데 둘째가 7살이고 내년에 학교에 들어가 손이 또 많이 갈 듯합니다. 다시 복직하려니 아이가 걸리고요. 공부방 하는 친구를 보니 시간대비 수입도 괜찮고 아이도 돌볼 수 있어서 이게 딱! 이다 싶더라고요.
그런데 공부방 오픈 시 입주민 동의서를 받아야 한다고 친구가 그러더군요. 10층이라 아래층과의 관계도 걱정이고 이래저래 고민이 많네요.

A 주민동의서에 대해서는 아파트마다 다릅니다.
어떤 원장님은 동의서를 받지 않고 운영하시기도 하고요. 어떤 분은 받으시고 엘레베이터 이용 때문에 말이 나와서 미리 받아오라는 관리실의 요구도 있습니다. 참고로 동의서는 교육청 규정이 아니라 아파트 별도규약이 따로 있습니다.
한 원장님은 동의서를 받지 않고 운영하다가 아이들이 많아지자 시끄럽다는 민원을 많이 받아서 어쩔 수 없이 상가를 얻어 나가신 경우도 있어요. 뒤탈이 없게 하기 위해서는 먼저 관리소에 알아보시고 결정을 하는 게 좋습니다.

프랜차이즈, 과연 다 해결해 줄까?

프랜차이즈의 허상을 직시하라

창업을 준비하다 보면, 일정한 퀄리티의 제품을 제공하고 창업 노하우, 관리 노하우, 홍보 노하우 등을 모두 전수해준다고 하는 프랜차이즈를 쉽게 만날 수 있고, 또 그런 업체에 쉽게 마음을 빼기게 됩니다. 특히나 당장 퇴직금을 들고 전쟁 같은 현실로 내던져진 퇴직 직장인의 경우, 당장 먹고살 방법을 찾다보니 쉽게 창업한다는 프랜차이즈에 관심이 가는 것은 인지상정, 당연지사일지 모릅니다.

저도 창업 준비를 하면서 '영어도서관 창업과정 130시간 교육'을 이수했고, 한 프랜차이즈 교육업체를 알게 되었습니다. 이름 번듯한 프랜차이즈에서 제공하는 교재나 커리큘럼, 물품들을 보면 손 안 대고 코 푸는 것처럼 쉽게 창업이 가능했습니다. 그래서 같은 기수 중 몇몇은 바로 프랜차이즈 회사와 가맹을 맺어 학원으로 창업을 하였고 저를 포함한 다른 몇몇은 팀을 짜서 다른 프랜차이즈 본사에 가서 장단점을 비교하는 조사를 했습니다.

메이저 프랜차이즈 회사는 가맹비만 1억이 되는 곳도 있었고, 어떤 회사는 가맹비는 높은 편이 아니었으나 인테리어를 자사에서 진행하는 것이 조건이었습니다. 그곳에서 진행하는 인테리어는 상당히 고급스럽고 딱 봐도 인테리어 비용이 꽤 들겠다 싶더군요.

또 다른 업체에서 하는 영어도서관은 가맹비나 매달 내야 하는 로열티도 낮았으나 인지도가 거의 없었습니다. 그런데 운영되는 한 곳에 가보니 아이들이 바글바글 하였습니다. 그런 모습을 보고 몇 분은 동업으로 학원을 오픈하였습니다. 40평 이상에 월세 300 이상을 주고요. 알고 보니 그 잘되는 지점은 직영점이었습니다.

또 다른 업체는 저희 멤버들이 가장 관심이 많았던 곳으로 가맹비나 로열티도 높지 않고 인테리어는 자유의사에 맡겼습니다. 그렇게 그 회사의 잘 나간다는 대표 지점들을 돌아보았고 두 달 이상 대치동, 목동, 분당, 수원 등 여러 업체의 대표와 만나며 현장 공부를 많이 하였습니다. 그리고 프랜차이즈 업체 대표는 제일 잘 나가는 지점의 원장님을 만나 식사하는 자리도 마련해 주셨습니다. 식사하면서 여러 질문들이 오갔고 결론적으로 젊은 나이의 여자 원장님은 이 업체와 손잡고 오픈한 후, 영업이 잘 되서 외제차도 끌고 다니게 되었다고 하시더군요.

대표님은 멤버 중에서 저에게 잦은 연락을 하며 파격 조건을 걸었습니다. 대표는 제가 운영을 잘할 것 같은 '촉'이 온다며 제안을 하였고 저도 그 참에 창업을 하려고 여러 지역을 돌아보다가 딱 맘에 드는 상권이 있어서 중점적으로 그 지역의 상가를 알아보았습니다. 부동산에서는 메인 도로변에 밝고 아담한 자리를 소개해 주었습니다. 조건도 좋았습니다. 남편은 제 창업을 말렸으나 저는 이 모든 게 나를 위해 마련된 것이 아닌가 할 정도로 모든 것이 착착 진행되는 것 같아 들떠 있었습니다.

부동산, 프랜차이즈는 남의 이익에 관심 없다

소개받은 상가는 공무원으로 생활하시다 퇴직하신 분이 너무 공무원처럼 운영하다 폐업한 식당이었습니다. 시설은 그대로였는데 주인은 철거도 다 해주고 필요하면 인테리어비도 조금 지원을 해주고 월세도 좀 깎아준다고 했습니다. 3박자가 딱딱 맞아떨어지는 느낌이었고 고집이 센 저를 말리다 포기한 남편도 그 장소를 보고 "네가 정 하고 싶으면 여기서 해라" 했습니다.

그런데 계약을 앞두고 문제가 발생했습니다. 그 건물 5층에 큰 영어학원이 있었는데 그곳의 학원장이 그 상가의 상가 번영회장이었고 동종업종 운영을 금지하였습니다. 만약 들어온다면 영업 방해로 고소를 하겠다 하더군요. 부동산에서는 신경 쓰지 말고 계약을 하라고 했습니다. 자기가 건물주인도 아니고 고작 상가번영회장인데 그럴 권리는 없다면서 말입니다.

하지만 왠지 찝찝했습니다. 그래서 집에 와 '운영위원회 상가법 동종업계 금지 소송에 관한 판례'를 검색해보았습니다. 고작 상가번영회장이 아니었습니다.

패소해서 모든 걸 날리고 재수 없게 시작도 못해 보고 접은 케이스가 많더군요. 만약 승소한다 한들 처음부터 골치 아프게 소송에 얽히고 싶지 않았습니다. 항상 들르던 부동산에서는 "왜 안 돼? 그냥 계약해요"라고 자동응답기처럼 같은 말만 되풀이했고 그러다 들른 다른 부동산에서 그 가게의 비밀을 이야기해 주더군요.

"거기 안 돼! 거기 위치야 좋지. 탐내는 학원장들이 많았어. 그런데 왜 2년간 공실이겠어? 거긴 교육시설허가가 안 나는 자리에요."

그때 알았습니다. 부동산중개업자는 남의 이익에는 관심이 없다는 것을요. 이것이 첫 번째 깨달음이었습니다.

그런데 프랜차이즈 업체 역시 남의 이익에 관심이 없다는 것을 알게 되었습니다. 프랜차이즈 업체에서는 부동산보다 더 심한, 말도 안 되는 장소만 추천해 줬습니다. 오피스텔 고층, 아래 횟집 바로 옆 PC방 등 유해업소 근처, 법률관계가 얽힌 곳, 가격이 괜찮아 가보면 종로 피맛길 골목길 같이 후미진 곳에 엘리베이터도 없는 3층 자리였습니다. 보수공사 중이라 철 기둥이 사방에 세워진 건물에 인부들은 철근과 벽돌을 이고 가는데도 괜찮다고, 애들이 조심해서 다니면 된다고 하질 않나, 목 좋은 곳은 6천만 원에 권리금 3천만 원, 거의 1억이 드는 곳이었습니다. 그렇게 큰돈을 학원자리에만 투자하기는 무리였습니다.

프랜차이즈 업체의 농간에 정신을 차리고 몇 달간 출근하다시피 한 부동산 주변을 돌아보니, 그동안 못 보던 것이 보였습니다. 그 부동산 위에 몇 달 전 새로 연 프랜차이즈 학원이 있었는데 학교 바로 코앞이라 위치가 참 좋았습니다. 그런데 자리를 알아보러 동네를 돌아다니는 몇 달 동안 그 학원으로 사람이 올라가는 것을 본 적이 없었습니다. 한동안 그 학원에 아이들이 얼마나 올라가는지 계속 지켜봤습니다. 몇몇 부동산에서는 그곳 원장이 큰돈 들여 차렸는데 학생이 모이지 않아 한숨을 짓는다는 말을 들었습니다. 목 좋은 자리이고, 유명 프랜차이즈인데도 그런 상황이었습니다.

그즈음 프랜차이즈 업체를 통해 학원을 창업한 동기는 불만이 대단했습니다. 계약을 맺을 땐 모든 걸 다 해줄 거 같더니만 프랜차이즈 대표와 연락도 잘 안 되고 신경도 안 써준다고 말입니다. 게다가 학원을 차리고 나니 생각보다 나가는 돈이 여기저기 많고 마이너스 통장을 빼서 오히려 충당하고 있다면서 1주일 만에 3킬로그램이나 살이 빠졌다고 하더군요. 걱정이 된 저는 그 업체 대표에게 신경을 좀 써주셔야 하는 거 아니냐고 묻자, 돌아오는 답은 이랬습니다.

“에이~ 그분 걱정하지 마세요. 아버지는 의사에 엄마가 약사인데, 뭐 안 되도 큰 지장 없을 거예요.”

부모님 집을 담보 대출받아 차린 것을 아는 저는 걱정이 컸지만 프랜차이즈는 창업자의 이익에 큰 관심이 없는 듯 했습니다. 두 번째 깨달음이었습니다.

프랜차이즈 영업사원이 제시하는 자료를 보면, 6개월 만에 투자비를 회수하고 2년이면 집 한 채를 살 것 같았는데 다 허상이었습니다. 신중해서 나쁠 건 없습니다. 제가 만약 상가위원회 판례를 찾아보지 않고 덜컥 계약했다면, 생각만 해도 머리가 지끈거립니다. 장밋빛 꿈을 꾸다 정신을 차린 저에게 남편이 이런 말을 해주었습니다.

"영업팀에서는 이익을 최대치로 높여 적극적으로 잡지만 재무팀에서는 보수적으로 잡아. 당신은 재무팀의 입장에서 시장을 봐야 해."

세 번째 깨달음이었습니다.

정리를 해보자면 이렇습니다.

첫째, 부동산은 중개수수료만 관심이 있다.

둘째, 프랜차이즈 업체는 가맹비, 인테리어 마진, 로열티에만 관심이 있다.

셋째, 양도인은 허위 매출, 권리금에만 관심이 있다.

넷째, 가게 주인은 임대료에만 관심이 있다.

나의 창업에 관심 있는 건 오직 나밖에 없습니다.

〈임보라의 ONE POINT 멘토링 레슨〉

2. 공부방 간판은 어떻게 해야 하나요?

Q 저는 국문과를 졸업하고 전에 학원에서 논술 지도를 했어요. 그런데 아이를 키우면서 늦게까지 일하기가 현실적으로 힘들어서 일단은 집에서 논술 공부방을 시작해 보려고 합니다. 책상과 교재 등을 준비했는데요. 베란다 쪽에 간판을 달려고 하는데 간판 다는 거 괜찮을까요?

A 아이를 키우며 논술 공부방을 하시려고 이미 어느 정도 준비해 놓으셨다니 성공의 문을 내딛으셨군요. 축하드립니다.

간판에 대해서라면 외부 간판은 그 자체가 불법으로 알고 있어요. 그러나 간판을 붙이고 하는 곳도 종종 보이더군요. 원칙적으로는 간판이든 현수막이든 외부로 걸면 불법입니다.

그러나 꼼수를 쓴다면 창문 안쪽으로 '큐방'을 구입하셔서 달면 괜찮을 거예요. 자세한 사항은 우선 지역마다 아파트 규약이 다르니 관리사무소에 문의해보세요. 외부간판이 안 된다면 안쪽으로 현수막을 달거나 창문에 시트지를 붙여서 알리는 방법도 있습니다.

빨리 돈 버는 법

프랜차이즈의 수법을 경계하라

얼마 전 'PD수첩'을 보았습니다. 프랜차이즈 업체와 가맹점과의 문제를 다루었는데, 제 일인양 심각하게 보다 보니 미간에 힘이 들어가더군요.

"전화를 해도 안 받고, 내용증명서를 보내도 아무 답 없고……."

가맹점주와 연락을 끊은 본사, 백마진이라고 뒤에서 마진을 남기는 구조의 프랜차이즈.

몇 년 전 대형 프랜차이즈 피자 가맹점 운영으로 4억 원을 빚을 지게 된 분이, 광고비 용도를 문의하자 일방적인 가맹 해지 통보를 받았고 기나긴 법정 싸움 끝에 국회의 조율로 상생협약 체결을 받았습니다. 생존을 위해 피자 협동조합을 설립하고 다시 일어서기 위해 가격 할인 행사를 하다가 버티기가 힘들어지자 스스로 생을 마감한 사연이 소개되었습니다. 가게에는 아직도 그의 신발과 소지품이 마치 어제도 나와 장사하던 사람처럼 그대로 남아 동료들을 씁쓸하게 했고, 보는 저의 눈도 적셨습니다.

또 다른 사례는 한창 인기였던 저가 주스 브랜드였는데, 본사가 마진을 많이 남기려고 점점 작은 과일을 납품해주기 시작했다고 합니다. 이를 항의하거나 자체 물건을 구해서 쓰면 일방적인 가맹 해지를 하기 일쑤라고 합니다. 그 작은 주스가게를 창업하는 데에도 1억6천만 원 이상이 들었는데 순수익은 형편없었습니다.

결국 프랜차이즈는 그들의 이익에만 관심이 있습니다. 그 수법에 놀아나지 않으려면 큰돈 들이지 않고 리스크 적은 창업을 해야 합니다. 만약 '나는 로또에 당첨되어 그냥 써도 될 1억 이상의 자금이 있어서, 폐업처리 업체수익에 도움을 주어 경기부양에 일조하고 싶다' 하시는 분이 아니라면 말이지요.

영어학원? 아니 아니, 영어 공부방

다시 제 경험으로 돌아와서 이야기를 하겠습니다.

제가 잘할 수 있는 일인 '영어'를 통해 창업을 하자는 제 의지는 프랜차이즈 업체를 만나 내 편이 아니라는 것을 알게 된 후 방황하고 있었습니다. 영어학원을 창업해보겠다는 것이 이렇게 어려운 것인가 싶어서 말이지요.

결국 창업은 나에게 맞지 않는 일인가 싶어서 창업의 꿈을 접으려고 했습니다. 그러다가 우연히 들른 다른 부동산에서 중개업자분이 이런 말씀을 해주셨습니다.

"이 동네 유명한 공부방이 있는데 그 원장님 몇 년 하시더니 대박 나서 얼마 전에 아파트 매매하더니 상가 학원으로 넓혀서 나왔어요. 여기랑 저기에 보이는 저 학원들 있죠? 다들 죽을상이야. 학생들 없다고 우리 부동산에 내려와서 하소연하고 커피만 마시다 가. 매물 내놓는 곳도 많아. 그런데 권리금을 많이 부르니 뭐 나가나? 세만 안 내도 그게 어디야. 내가 보기엔 오히려 공부방이 알짜라니까. 차라리 공부방을 알아봐요."

공부방?

PC방, 노래방은 들어봤어도 공부방이란 말은 처음이었습니다. 집에 와서 검색해보니 공부방 관련 기사도 많고 공부방 운영하시는 분들이 모인 카페도 활성화되어 있고 회원 수도 많더군요.

영어학원으로만 창업해야 하는지 알고 영어학원 창업에만 온 힘을 기울이던 저는 가장 적은 자본으로 가장 적은 리스크를 보장하는 공부방을 창업하게 됩니다. 제가 잘할 수 있는 영어와 접목한 영어 공부방을 말입니다.

공부방은 R.O.I가 높은 편입니다. R.O.I란 Return On Investment 즉, '투자자본수익률'을 말합니다. 예를 들어 1억 원을 투자해서 천만 원을 버는 것과 천만 원을 투자해서 천만 원을 버는 것은 이익금인 천만 원은 같지만 투자대비효과로는 후자의 수익성이 높은 것이죠. 아이러니하게도 100명의 수강생이 있는 학원에서 월세, 관리비, 가맹비, 각종 세금, 전기세, 강사인건비 등을 제하고 나면 20명 언저리의 학생을 지도하는 공부방 수익과 비슷한 경우를 봅니다.

그뿐입니까. 보통 창업을 하면 무턱대고 하는데 투자한 비용을 은행에 넣어두면 받을 이자나 창업에 든 대출이자도 고려해야 하고 인테리어비도 '시설감가상각비'로 회계에 넣어야 합니다. 일반적으로 가맹본부는 감가상각을 이야기해 주지 않습니다. 이야기해 주면 실제 순수익이 적어 보이기 때문이죠. 보통 감가상각은 3년으로 잡습니다.

그러나 우리나라는 창업하고 자리 잡을 만하면 주인이 바뀌어 자리를 내주거나 본인이 직접 한다고 나서거나 아니면 임대료를 높여 부릅니다. 실로 조물주 밑에 건물주라는 위상을 실감할 만합니다. 게다가 창업하시는 분들은 대부분 '본인 인건비'는 전혀 고려하지 않더군요. 창업을 하셨으면 본인의 노동력도 회계에 넣어야 합니다.

불경기에는 자체 스몰 비지니스를

사업은 투자한 원금을 '빠르게' 회수하고 추가로 돈을 벌기 위해 하는 활동입니다. 6개월에서 1년은 버틸 '총알'이 장전되어 있지 않다면 자리를 잡기도 전에 폐업을 하게 됩니다. 이렇게 총알 없이 창업하는 것보다 더 바보 같은 짓은 안 되는데 규모를 확장하는 것입니다. 물론 이름만 대면 알만한 대형 프랜차이즈는 이미 다져 놓은 업계의 이미지가 굳건해서 오픈하면 우르르 몰리기도 합니다. 그런 대형은 오픈하는 자본금액이 1억 단위가 아니라 6억~7억 이상이라는 게 맹점이지요.

40평 규모의 학원을 하시는 지인은 학생이 생각보다 몰리지 않자 옆 가게까지 터서 80평으로 확장하고 고급스런 인테리어를 해야겠다고 고민하고 있습니다. 그래야 학생이 몰릴 것 같다고 말이지요. 문제는 확장비용을 친지에게 돈을 빌려서라도 하겠다는 마인드입니다.

요즘 같은 불경기에는 가족에게 짐을 보태지 말고 스몰경영을 해야 합니다. 중요한 것은 '스몰'이긴 스몰이나 프랜차이즈에 의지하지 않은 '자체 스몰 비즈니스'를 해야 한다는 것입니다.

재밌는 이야기를 하나 해드릴까 합니다. 지인 중에 부유한 동네에 10채의 건물을 임대 주고, 낮에는 책을 읽거나 동네 마실 다니다 잠자고 싶을 때 자는 생활을 하시는 분이 계십니다. "나의 죽음을 적에게 알리지 마라"는 이순신 장군처럼 "나의 재산을 남에게 티내지 말자"라는 모토로 사는 분인데요. 재밌는 것은 매일 놀기도 지치셨는지 소일거리로 창업을 해보려고 하시더군요. 그런데 하시려는 것이 노점상이었습니다. "아니, 돈도 많으시면서 가게에 들어가서 하시지 웬 길거리 노점상을 하려고 하세요?"라고 말하니 그 분 왈, "미쳤어, 내가 세금 내가면서 뭣 하러 상가에 들어가. 그냥 소소하게 노점상 할 거야. 안 되면 깔끔하게 접으면 되잖아. 얼마나 속편해."

한바탕 웃은 저는 속으로 지독하다고 생각했지만 한 편으론 본받을 만하다고 생각했습니다.

어떤 아이템으로 창업을 하던 R.O.I를 꼭 염두에 두셔서, 처음부터 무리하게 창업하지 말고 내 살 길, 가족 살 길을 위한 창업을 준비하시기 바랍니다.

〈임보라의 ONE POINT 멘토링 레슨〉

3. 공부방 수업료는 얼마가 적정한가요?

Q 제가 사는 지역에 공부방이 많습니다. 이제 막 진입하는 초보단계인 저는 사실 많이 위축되고 있는데요. 가장 고민은 교습비로 도대체 얼마를 받아야 하는가에요. 타 공부방보다 낮춰서 받으면 어떨지요? 낮춰 받으면 아이들 모집이 좀 더 수월하지 않을까 해서요.

A 교육 사업이라는 것은 얼마를 받느냐 하는 부분에 포커싱을 두기보다 내가 어느 정도의 가치를 가진 선생님이냐에 기준을 두는 것이 옳다고 생각합니다. 물론 형성된 시장의 가격저항선은 고려해야 할 사항이지만 무조건 교육비가 싸다고 학생들이 몰려들 것이라는 것은 대단한 착각입니다. 교육비가 낮아도 안 되는 공부방이 있고 조금 높더라도 아이들로 가득 찬 공부방이 있습니다.

중요한 것은 얼마나 잘 가르치고 관리를 잘 하는지에 달렸습니다. 자신의 능력을 선 체크! 교육비는 후 체크! 해보시길 권해드립니다.

제 2 장

엄마의 공부방 준비단계

장소는 어디가 좋을까?

시장을 둘러보고 공부방을 오픈하라

공부방을 오픈할 시 법적으로는 현재 거주하고 있는 곳에서 하셔야 합니다. 공부방을 오픈하기 위해 이사를 감행한다면 대규모 아파트 단지가 좋습니다. 더 좋은 장소는 신도시가 들어서는 아파트 단지가 좋은 것 같습니다. 신도시의 경우 대부분 오픈하자마자 바로 많은 아이들이 입회되는 것을 많이 목격하였습니다. 보통은 학교와 가까운 곳이 좋은 것 같습니다. 학부모들은 자녀가 차도 건너는 것에 민감하기에 초등을 위주로 공부방을 하고자 계획하시는 분들은 아이들이 학교를 파하고 바로 올 수 있는 학교 근처를 고려해보세요.

하지만 100% 정답은 없습니다. 저 같은 경우 학교에서 떨어진 단지에 오픈을 하였는데 아이들이 찻길 건너는 것이 위험하고 걱정된다 하시면서도 보내주실 분들은 다 보내주셨고 다닐 아이들은 어떻게든 다닙니다. 걸어서 15~20분 거리에 찻길을 두 번이나 건너야 하는 떨어진 아파트에 살면서도 4년째 다니는 아이도 있고, 시간이 지나니 형제, 남매도 함께 다니고 있으니까요. 집 근처에 학원이나 공부방이 있음에도 불구하고요. 제 학생 중 또 다른 아이는 집 근처 학원과 공부방을 제쳐두고 자전거를 타고 10분 이상 달려 제 공부방으로 오기도 합니다. 더운 여름엔 땀을 뻘뻘, 겨울엔 코가 꽁꽁 얼어도 열심히 다닙니다.

아이러니한 것은 A단지에 사는 아이는 위층에 공부방이 있는데도 B단지의 제 공부방에 다니고, 제가 사는 동 라인에 살면서도 떨어져 있는 C단지 공부방으로 다니기도 한다는 것입니다. 이유는 다양합니다. 상담 후, 좀 더 끌리는 선생님 쪽으로, 맘에 드는 커리큘럼이 있는 곳으로 가거나 교육비가 더 저렴한 곳 등이 선택의 요인이 되겠지요.

재미있게도 제 소문을 듣고 상담을 오셨지만 그 분이 다니는 교회 집사님이 공부방을 오픈하셔서 그 쪽으로 보내는 부모님도 계십니다. 종교의 파워는 그 어떤 것보다 강하니까요. 또 어떤 부모님들은 한 분이 ride담당을 해서 아이들을 그룹으로 묶어 한 차로 이동해 주시기도 합니다. 요즘 어머니들은 많이들 세컨카개인명의의 두 번째 차를 가지고 계시고 기동성이 좋아서 입소문만 제대로 난다면 위치는 큰 문제가 되지 않는 것 같습니다. 중·고등생의 경우는 거리에 제한을 크게 두지 않는 것 같습니다. 버스로 30분 이상 걸려도 성적 향상을 잘해준다는 소문이 난 곳이라면 어떻게든 다니기 때문입니다.

저는 오픈 시에 상가에 학원을 둘러보고 결정을 했습니다. 대형 브랜드 학원과 중소형 브랜드 학원이 골고루 있었는데 다른 동네는 그에 비해 열악해 전자를 택했습니다. 어느 정도 교육열이 있다고 판단했기 때문이죠. 물론 운영하며 보니 기대만큼 교육열은 높지 않았지만 말이지요.

그래도 학원이 많이 밀집된 곳이 좋다고 생각합니다. 커피숍이나 식당이 줄지어 있다는 것은 장사가 된다는 반증이니까요. 입지를 선정하는 데는 지역 카페에 질문을 해봐도 좋고, 기본적으로 네이버 상권분석을 하시기 바랍니다.

개인과외교습자 신고 안내

1. 개인과외교습자 신고 민원업무 처리절차

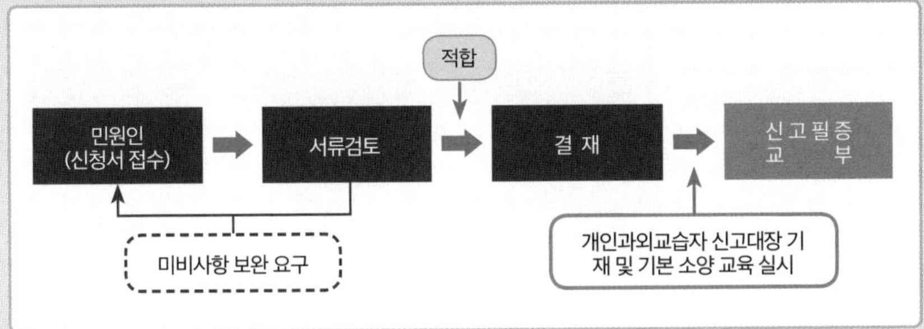

▶개인과외교습자란

학원 또는 교습소 이외의 장소(학습자의 주거지 및 교습자의 주거지로서 대통령령이 정하는 장소)에서 교습료를 받고 과외교습을 하는 자 또는 하고자 하는 자

▶과외교습이란

초등학교·중학교·고등학교 또는 이에 준하는 학교의 학생이나 학교입학 또는 학력인정에 관한 검정을 위한 수험준비생에게 지식·기술·예능을 교습하는 행위

▶교습가능인원수는

같은 시간대에 9인 이하 (피아노 교습의 경우 같은 시간대에 5인 이하)

☞ 종전 개인과외신고자 중 공동주택 및 단독주택 이외의 장소(예: 상가, 가칭 "공부방")에서 과외교습을 하는 경우, 반드시 교습소(또는 학원)로 전환 신고 후 운영하시기 바랍니다.

▶교습장소란

교습자의 주거지(또는 학습자 주소지)로서 건축법시행령 [별표1] 의 단독주택 또는 공동주택 (건축물대장상의 용도를 확인하여 단독주택 및 공동주택인 경우 가능)

☞ 종전 개인과외신고자 중 공동주택 및 단독주택 이외의 장소(예: 상가, 가칭 "공부방")에서 과외교습을 하는 경우, 반드시 교습소(또는 학원)로 전환 신고 후 운영하시기 바랍니다.

2. 개인과외교습자 신고 (처리기한: 3일)

가. 근거법령

학원의 설립·운영 및 과외교습에 관한 법률 제14조의2 , 동법률 시행령 제16조의2, 동법률 시행규칙 제14조의2

나. 처리과정

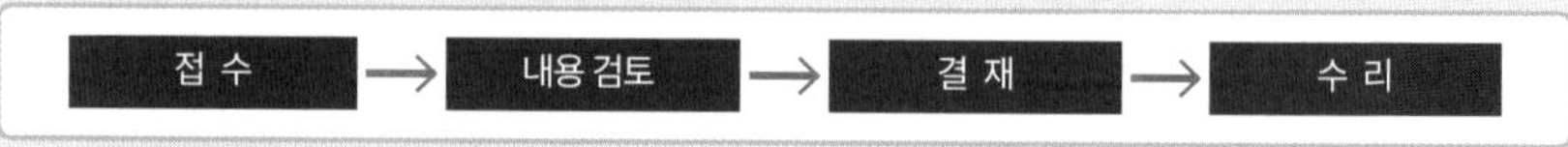

다. 개인과외 신고 시 확인 사항

① 주소지 (법 제14조의2 제1항) : 개인과외교습자의 주민등록상 주소지를 관할하는 지역교육청

② 주소지 변경의 경우 사유가 발생한 날로부터 15일 이내에 변경된 주소지 관할 지역교육청에 구 신고필증을 반납하고 새로운 신고증명서를 발급받아야 함.

③ 신고제외대상여부 : 고등교육법 제2조 또는 개별 법률에 의하여 설립된 대학(대학원을 포함한다) 및 이에 준하는 학교에 재적중인 학생은 신고제외(휴학생을 제외한다.)

● 과외교습에서 제외되는 행위

1) 다음의 시설에서 그 설치목적에 따라 행하는 교습행위

- 교육법 기타 법령에 의한 학교
- 도서관 및 박물관
- 사업장 등의 시설로서 소속직원의 연수를 위한 시설
- 평생교육법에 의하여 인가·등록·신고 또는 보고된 평생교육시설
- 근로자직업훈련촉진법에 의한 직업능력개발훈련시설 기타 평생교육에 관한 다른 법률에 의하여 설치된 시설
- 도로교통법에 의한 자동차운전학원

2) 동일 호적 내의 친족이 하는 교습행위

※ 친족의 범위 : 민법 제777조 적용 (8촌 이내의 혈족, 4촌 이내의 인척, 배우자)

3) 대통령령이 정하는 봉사활동에 속하는 교습행위

- 근로청소년에 대한 교습행위

- 장애인의 재활을 위한 교습행위

- 기타 교육인적자원부령이 정하는 봉사활동에 속하는 교습행위

● 신고 제외 대상

고등교육법 제2조 또는 개별 법률에 의하여 설립된 대학(대학원을 포함) 및 이에 준하는 학교에 재적 중인 학생(휴학생은 신고하여야 함)

1) 고등교육법 제2조에 의하여 설립된 대학

- 대학 - 산업대학 - 교육대학 - 전문대학
- 방송·통신대학 및 사이버대학 - 기술대학 - 각종 학교

2) 개별법에 의하여 설립된 대학(예시)

- 사관학교설치법에 의한 사관학교

- 경찰대학설치법에 의한 경찰대학

- 세무대학설치법에 의한 세무대학

- 단기사관학교설치법에 의한 단기사관학교

- 국군간호사관학교설치법에 의한 국군간호사관학교

- 한국과학기술원법에 의한 한국과학기술원

- 기능대학법에 의한 기능대학(다기능기술자과정에 한한다.)

- 평생교육법에 의한 사내대학, 원격대학 등

④ 신고사항, 교습장소 등 확인

1) 신고사항 (법 제14조의2 제1항, 영 제16조의2 제1항)

신고사항별	제출서류	비고
성명, 주소, 주민등록번호	주민등록증 사본	단독주택, 공동주택만 가능
교습장소	건축물관리대장 제시	
학력, 전공	최종학력증명서	
자격증	자격증 사본	해당자에 한함
경 력	없음	주요경력만 기재
교습과목	신고서에 기재	
교 습 료	신고서에 기재	(월 기준 1인당 금액)
※ 사진(3cm×4cm) 2매 필요		(신고서 및 신고증명서)

2) 교습장소 안내 (법 제2조, 영 제2조의2)

- 학습자 주거지 또는 교습자의 주거지로서 건축법 제2조제2항에 따른 단독주택 또는 공동주택

⑤ 구비서류 (처리기한 : 3일)

가. 개인과외교습자신고서 1부 (※교육청 비치)

나. 주민등록증사본(주민등록등본 포함) 1부

다. 최종학력증명서 1부

라. 자격증사본(해당자에 한함) 1부

마. 개인과외교습자의 증명사진(3×4cm) 2매

3. 개인과외교습자 변경(1일)

개인과외교습자가 교습자의 인적사항 및 교습과목, 교습료, 교습장소 등이 변경되었을 경우에는 그 사유가 발생한 날로부터 15일 이내에 관할 교육청에 변경신고하여야 함.

● 구비서류

1. 변경사항을 증명할 수 있는 서류(주민등록증 사본 등)
2. 구 신고증명서(개인과외교습자신고증명서)
3. 개인과외교습자의 증명사진(3×4cm) 1매

4. 개인과외교습자 신고증명서 재교부(1일)

이미 교부받은 신고증명서를 분실하거나 훼손한 경우 개인과외교습자는 신고증명서재발급신청서를 교육장에게 신청할 수 있음.

● 구비서류

1. 분실사유서(잃어버린 경우) 또는 개인과외교습자 신고증명서(훼손 등으로 못쓰게 된 경우)
2. 개인과외교습자의 증명사진(3×4cm) 1매

5. 지도, 감독 및 벌칙부과

가. 벌칙 및 과태료

1년 이하의 징역 또는 1,000만 원 이하의 벌금(법 제22조제1항)

- 신고를 하지 아니하거나 허위로 신고하고 과외교습을 한 자(법 제22조제1항4호)

과태료 300만 원 이하(법 제23조제1항)

- 신고증명서 및 교습비 반환기준표를 게시 또는 제시하지 아니한 자(법 제23조 제1항 4호)
- 신고증명서 분실 또는 못쓰게 되었을 경우 사유가 발생한 1개월 이내에 신고증명서의 재발급을 신청하지 아니한 자(법 제23조 제1항 5호)
- 영수증을 발급하지 아니한 자(법 제23조 제1항 6의2호)
- 표지를 부착하지 아니한 자(법 제23조 제1항 6의3호)
- 교습비를 거짓으로 표시, 게시, 고지하거나 등록, 신고한 교습비 등을 초과징수한 경우 및 인쇄물, 인터넷등으로 광고할 경우 신고번호, 교습과목, 교습비를 표시하지 않은 경우(법 제23조 제1항 7호, 7의2호)
- 교습료의 조정명령을 위반한 자(법 제23조 제1항 7의3호)
- 담당 공무원의 지도·감독에 따른 보고를 하지 않거나 거짓으로 보고한 경우, 지도·감독에 따른 관계 공무원의 출입·검사를 거부 또는 방해한 자(법 제23조 제1항

8,9호)

- 수강을 계속할 수 없는 경우에도 교습비를 반환하지 않은 자(법 제23조 제1항 10호)

나. 현직교원의 과외교습행위 벌칙조항

- 현직교원의 범위 : 초,중등교육법 제2조, 고등교육법 제2조 또는 개별 법률에 의하여 설립된 학교 및 이에 준하는 학교에 소속된 교원
- 현직교원의 과외교습 행위 적발시 1년 이하 금고 또는 1,000만 원 이하 벌금(법 제22조제2항)

※ 과외교습으로 연간 발생한 소득에 대하여 소득세법에 따라 다음해 5월 주소지 관할 세무서에 종합소득세를 신고하여야 함.

공부방 인테리어

공부방 인테리어의 ABC

공부방은 타 업종 창업에 비해 정말 비용이 적게 드는 것이 장점입니다. 책 몇 권과 책걸상으로도 시작하는 분들도 있고요. 그러나 요즘에는 학원처럼 인테리어 하는 공부방도 많이 늘어나고 있는 추세입니다. 어떤 공부방은 카페처럼 꾸미기도 하고 또 어느 곳은 영어도서관처럼 많은 장서를 구비해 놓고 시작하기도 하는 등, 공부방도 장소만 아파트 내부일 뿐 내부 인테리어는 학원화가 되어가고 있습니다.

그럼 공부방에 필요한 물품은 무엇이 있는지 소개해 보겠습니다.

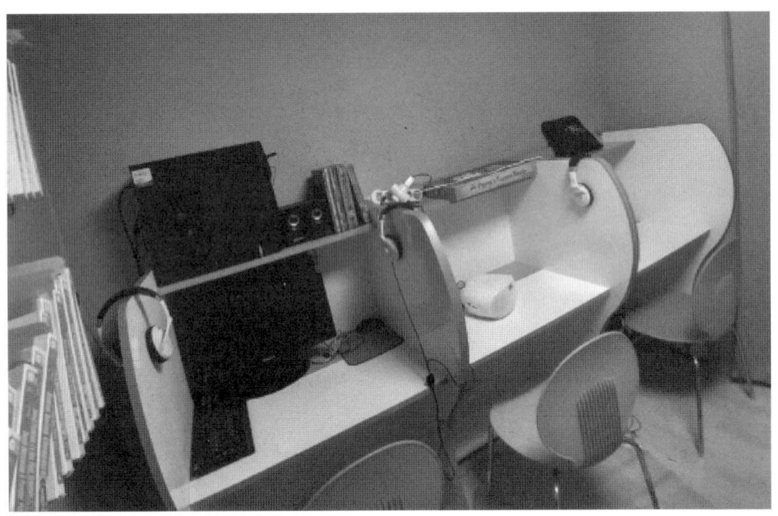

칠판	의자	책상	프린터
필기도구	포밍테이블	책	

요새는 특히 포털 검색을 통하면 실시간 가격을 비교해주고, 후기도 많습니다. 무한경쟁으로 인해 가격은 계속 낮아지고 있으니까요. 중고나라나 학원커뮤니티에 가보시면 폐업정리를 하는 학원도 많아서 집기가 많이 올라옵니다. 거기서 물품을 구매하시는 것도 절약의 한 방법입니다. 이런 식으로 준비하면 물품 구비하는 비용은 50만 원~70만 원이면 됩니다.

요즘은 영어원서를 구비해놓고 원서중심 수업으로 많이 하는 추세이기 때문에 이럴 경우 책과 책장 비용이 더 들어가게 됩니다. 저 같은 경우 책 1,300권을 구비했는데 책마다 CD도 있어서 세트로 구매하면 최소 권 당 만 원으로 잡아도 1,300만 원이 나오게 됩니다. 현재는 서점에서 보고 직접 구입한 책들을 추가하여 1,900권 이상을 보유하고 있습니다. 보통 학원 창업 시 1,500권은 있어야 좀 그럴 듯해 보이고 500만 원을 들여 500권으로 시작한다면 말이 500권이지 책장 하나 정도의 벽 한 면 차지밖에 못 해서 인테리어 효과는 없습니다.

500권을 1,000권처럼 보이게 하려면?

500권을 천 권처럼 보이게 하려면 '전면책장'을 구비하시면 됩니다. 포털에 '전면책장'이나 '전면책장제작', '맞춤책장' 등을 검색하면 가격비교 차트가 보기 쉽게 나옵니다. 또한 전문 주문제작업체가 운영하는 블로그도 있으

니 해당 사이트 상담시스템을 적극적으로 이용하고 견적을 내보시기 바랍니다. 500권을 구매해서 전면 책장에 배열해 놓으면 인테리어 효과도 살아나고 책도 많아 보이는 효과를 노릴 수 있습니다.

책장 제작이나 구매 비용에 부담이 되는 분들은 벽걸이 포켓 형태의 책꽂이 '아빠차트'로 대체하는 방법이 있습니다.

1,000권을 500만 원 이하로 구매하려면?

중고전문서점 판매자

인터넷 세상인지라 구하려면 없는 게 없습니다. 손가락 품만 열심히 팔면 되지요. 학원 차릴 비용을 새 책 세트에 투자하고 싶으신 분은 새 책과 CD를 구매하시면 될 것 같습니다.

그러나 투자비를 적게 하실 분은 검색을 통해 영어원서 중고책만 전문으로 판매하는 서점과 판매자분을 찾아보시면 좋겠습니다. 100권/500권/1,000권 단위로 레벨별로 세팅해서 저렴한 가격으로 판매하고 있습니다. 중고책이라 천원부터 높아봐야 4천원이기 때문에 4천원×1,000권=4,000,000원입니다.

단점이 있다면 CD가 없다는 것입니다. CD를 추가해 판매하시는 분도 계시니 2천원 꼴로 추가를 하면 될 것 같습니다. 대량 구매 시 할인을 해주기도 하니까요.

중고나라

중고나라 카페에 가보면 자신의 아이들이 다 읽었던 영어원서 세트를 처분하시는 학부모들도 있고 도매업자분들도 계십니다. 거의 새 책의 60~70% 할인가로 판매하시는데 구매 경쟁이 치열해서 눈여겨 봐야 합니다. 저 같은 경우 영어원서 1,300권을 중고나라에서 구매했습니다. 정말 '운'이 좋게도 분당에서 영어도서관 학원을 운영하시는 분이 규모를 줄여 소규모 교습소로 운영하게 되면서 프랜차이즈에 가맹되어 있던 레벨별로 잘 정돈되어 있는 도서 1,300권을 340만 원에 가져가는 조건이었습니다. 사실 필요 없는 책들도 좀 많았는데 340만 원에 1,300권이라 흔쾌히 가져왔습니다. 게다가 책마다 CD도 다 들어있어서 횡재한 기분이었습니다.

그분도 홀가분하셨는지 CD플레이어도 개당 만원에, 책장은 그냥 가져가라고 주셨습니다. 책을 가져오기 위해 용달차를 불러 20만 원을 지불하고도 아주 큰돈은 들지 않았습니다. 현재는 좋은 원서들, 재밌는 원서들이 발간되어 운영하면서 책을 추가하여 따로 구매해 운영에 투자하고 있습니다. 지역 차도 있지만 아이들에게 활용되는 책은 1,900권 중에서 300~400권 정도의 책입니다. 저는 이런 책을 정독용 책으로 분리해 놨습니다. 나머진 장식 내지 인테리어용이 되니 현명한 구매를 하시길 바랍니다.

또한 영어도서관 형식으로 4년 넘게 운영해보니 아이들이 좋아하는 책들은 따로 있더군요. 1학년이 4학년이 되고, 3학년이 6학년이 되며 꾸준히 다니는 아이들의 발전과정과 선호도를 축적해보며 아이들 학년별·성향별로 좋아하는 책들과 장르가 나뉘더군요.

그림책계의 노벨상인 '콜더컷상Caldecott Medal' 선정위원인 《버니스 박사의 독서지도법》버니스 E. 컬리넌 지음, 열림원 출간을 보면 나이별 성향별 선호하는 추천 원서가 정리되어 있으니 참조해보셔도 좋습니다.

가르쳐보니 여자아이들은 어느 책이든 읽으라는 대로 순순히 읽는 편이지만 남자아이들은 정말 호불호가 강합니다. 미국에서 필독서며 교과서에 들어간다는 유명한 책이 배신을 합니다. 남자아이들은 감동적이고 잔잔한 스토리를 지루해서 참질 못합니다.

그런가하면 여자아이들 중에서도 의외로 그런 잔잔한 스토리를 싫어하는 아이들이 꽤 있습니다. 저 같은 경우는 아이들이 읽기 싫어서 몸을 꼬는 책의 경우, 무슨 상을 탔건 미국대통령이 추천했건 읽히지 않습니다. 억지로 읽혀봐야 효과가 없으니까요.

남자아이를 위한 남자취향저격 원서는 Guys Read(http://guysread.com)를 참조하기 바랍니다.

가장 중요한 것은 인테리어나 수많은 책에 돈과 시간을 들이는 것보다 자신의 실력에 투자를 하시기 바랍니다. "여긴 실크벽지에 조명 조도가 높지 않아 집중도가 현저히 떨어져 다른 학원을 알아봐야겠어요"라고 하며 나가는 아이는 없으니까요.

〈임보라의 ONE POINT 멘토링 레슨〉

4. 적정한 공부방 정원은?

Q 공부방을 창업하려고 하는데 최대 정원이 교육청 기준 9명이더라고요. 그런데 학원 강사경험이 있다 보니 솔직히 대형학원에서 12~15명을 가르치면서 분명 방치되는 아이들이 많았어요. 제가 학부모가 되면 '소규모학원에 아이를 보내야겠다'라는 확신도 섰고요. 사실은 9명도 관리가 힘들 듯한데 정원은 몇 명이 좋을까요?

A 네. 맞습니다. 저도 대형학원에서 강사생활을 하다 보니 똘똘한 소수의 아이들만 수업에 적극적으로 참여하고 나머지 아이들은 우스개소리로 전기세랑 월세 내주러 다닌다고 강사모임에서 이야기한 적이 있어요.

교육청 기준은 9명이 맞지만 언젠가부터 트렌드가 소수정원의 그룹레슨 수업이 대세입니다.

상가에 있는 소형교습소들도 정원 4명~6명, 많으면 8명 이렇게 하더군요.

첫째, 선생님이 파악하셔야 할 것은 동네 분위기를 보는 것입니다. 아이들 인원이 많아도 괜찮은지 소규모학원이 잘 되는지 파악해보시고요.

둘째, 부모님들이 공부방을 보내는 이유가 뭘까요? 요즘 부모님들이 현명하시고 정보도 많아서 인원 많은 곳에 보내니 관리도 안 되고 자기 아이가 치이는 것 같아서 많이 공부방으로 오고 있습니다. 너무 많은 인원을 한다면 공부방으로서의 장점이 없지 않을까 고려해보시고요.

셋째, 내가 감당할 수 있는 인원이 얼마나 되는지 생각해보세요. 어떤 선생님은 시스템을 정비하시고 많은 인원을 감당하시기도 하시는데 대부분 주부들이 창업하기 때문에 여자들은 체력 상 지치기도 쉽고 일을 마치고 육아나 살림도 해야 하기 때문에 내 에너지를 비축해두시는 게 좋습니다.

또 당장은 인원을 많이 받아서 좋지만 관리가 안 될 경우 아이들이 연이어 탈락되면 장기적으로 공부방 입소문에도 좋지 않고 운영에도 힘듭니다. 큰 그림을 그리세요!

이런 여러 가지 부분을 다각도로 생각해보시면 어떨까요.

진짜배기 홍보 시크릿

공부방 홍보 시 유의할 점

자, 공부방의 커리큘럼, 비용, 인테리어 등 세팅을 어느 정도 마치고 나서 이제 공부방을 알리기 위한 홍보를 하게 될 텐데요. 그 첫 번째가 전단지 홍보이지 않을까 합니다.

전단지에 큰돈 쓰지 마라

저는 처음에 전단지에 들어갈 문구, 그림, 색상까지 꼼꼼히 신경써서 전단지에 공을 많이 들였습니다. 통상 전단지는 4,000장 기준 10~12만 원 정도입니다. 몇 백 장 정도를 인쇄해주는 것은 제가 알아본 바 없었습니다. 전단지 회사에서 이 글을 보면 화를 낼 지도 모르나 굳이 전단지 업체를 이용하면서까지 전단지를 할 필요가 없다는 말씀을 드리고 싶습니다.

제가 맞춘 전단지 3천장 이상은 창고 안에 있습니다. 전단지를 하실 분은 개별로 만들어서 프린트를 한 후 게시하는 게 비용을 절감하는 방법입니다. 다시 말하면 전단지 효과가 정말로 미비하다는 것입니다.

전단지

저는 처음에 1,500세대 아파트 게이트에 전단지를 붙였는데 전화는 딱 2통이 왔습니다. 방문 상담을 유도해서 2명이 등록을 하였습니다. 전단지를 붙이고 나서 첫 날 2통의 전화를 받고 그 이후 전화가 한 통도 안 오기에 공부방용으로 개통한 전화기가 고장난 줄 알고 제가 핸드폰으로 전화를 걸어 봤습니다. 잘만 걸리더군요.

현수막

그 다음엔 지정된 곳에 현수막을 세 달 걸었습니다. 지정된 곳이 너무 높고 혼자 걸 수가 없어서 남편이 회사 점심시간을 이용해 동료와 함께 몇 번 와서 걸어주었고 미안한 마음에 저는 밥값을 수고비로 주었습니다. 밥값과 현수막 제작비, 게시비만 나가고 전화는 한 통 없다가 게시 종료되는 세 달째에 정말 우연히 두 학부모님이 들렀고 그렇게 두 명이 더 등록을 했습니다.

현수막을 그 이후로도 한두 번 더 했는데 그 이후로 전화는 한 통도 없었고 게시한 만큼 보람이 없어서 하지 않고 있습니다. 그렇게 4개월간 4명의 학생을 가르치게 되었지요. 4명을 가르치고 있었지만 사실 성에 찰 수 있었겠습니까. '고작 4명 가르치려고 이 고생해서 창업을 했나' 싶었던 것입니다.

직접 전달

그래서 이번엔 전단지와 무료체험쿠폰을 넣어서 학교 앞 아이들과 간간히 보이는 학부모님에게 전달을 했습니다. 200장을 돌렸는데 정말 허무하게도 한 통의 문의도 없었습니다. 무료쿠폰을 넣으면 호기심에라도 올 줄 알았는데 아니었습니다.

요즘 아이들은 여러 학원을 도느라 바쁩니다. 무료수업을 받으려면 오히려 기존의 학원들 한 타임을 빼서 일부러 오는 수고를 해야 하니 부모님들도 메리트가 있다고 생각하진 않는 거죠.

직투 홍보

다급해진 저는 이번엔 자석 전단지를 만들어서 직투집집마다 전단지 돌리기알바를 고용, 윗동네 아파트까지 가가호호 2천장을 붙여봅니다. 그런데 집집마다 붙여서 전화가 올 줄 알았건만 한 통도 오지 않았습니다.

'분명 전화기가 고장난 게 틀림없어.'

전화를 또 걸어봅니다. 신호는 잘만 가더군요. 학원으로 오픈한 지인들에게 연락해보니 마찬가지! 신문 삽지, 전단지, 현수막 등등 4천부 이상을 해도 연락이 안 온다고 하더군요. 그런데 저는 또 바보같이 전단지 한 번 더 해보자 해서 또 게재를 합니다.

연락 한 통 없더군요. 학원 업은 입소문이라던데 있는 4명은 소개해 줄 기미도 안 보이고 답답해서 또 한 달 뒤에 기존에 맞춘 전단지를 두고 직접 만들어 게재합니다. 이 또한 연락이 없더군요. 돈은 계속 나가고 마음은 허탈해지고 그만 접을까라는 생각에 이르렀습니다. 실제로 공부방을 창업해서 몇 개월 만에 사람이 안 모이자 접는 사람들도 꽤 많이 보았습니다.

그러나 남편은 "첫 달 만에 흑자라 대박인데~. 그리고 그때 학원 했어봐. 지금은 이렇게 허탈하고 말면 되지. 무리해서 1억 넘게 들여 했으면 지금쯤 당신은 한강물에 체온 재러 갔을 걸. 그리고 설령 망하면 어때. 사둔 책들 우리 애들한테 읽히면 되잖아."

남편의 말은 참 고맙더군요. 만약 "네가 그럼 그렇지. 꼴좋다"라는 말을 들었다면 정말 한강 근처로 향했을 수도요. 이 책을 읽고 있는 분의 가족이나 지인이 창업을 해서 힘들어 한다면 따뜻한 말 한마디를 해주세요. 창업 당사자의 압박은 상당합니다. 자금을 적게 들여 창업한 저도 속이 탔는데 큰돈 들여 창업한 사람은 정말로 죽고 싶은 심정일 겁니다.

5개월 앞서 학원으로 창업한 동기가 생각나 전화를 해보았습니다. 그 사이 인원이 늘긴 했으나 손익분기를 넘으려면 30명이 더 들어와야 하는데 조금 늘라치면 몇몇이 그만두고 또 늘라치면 주변에 새 영어학원이 들어오고 해서 죽을 맛이라고 하더군요. 종종 저에게 연락을 해서 묻는 새내기 원장님들이 계십니다.

그래서 전단지, 직투, 현수막 등 모든 홍보물에 대한 제 생각을 말씀드리고 싶습니다.

공부방 광고 시 주의할 점

첫째, 공부방은 맛집이 아닙니다.

맛있는 음식을 먹고 나면 지인들에게 "여기 맛있어, 강추!" 하며 SNS를 통해 입소문을 냅니다.

하지만 교육 사업은 느리게 진행됩니다. 다니고 있는 아이들이 '효과'가 나올 때까지 주변 학부모님들은 관망하고 계십니다. 광고를 한다고 아이들이 무조건 오지 않는다는 말씀입니다. 음식점이든 카페든 일단 들어가서 맛을 보고 맛이 없으면 다음부터 안 가면 그만이고 돈 몇 천원에서 몇 만 원 날렸다 생각하면 그만이지만 교육기관은 선불로 한 달 원비를 내기 때문에 학부모는 신중하고 또 신중합니다. 그만둔다고 말하기도 입이 쉽게 떨어지는 것도 아니고요.

둘째, 전단지에 너무 의지하지 마세요.

홍보물은 "여기에 저 있어요" 하는 알리기 용입니다. 하긴 하시되 기대치를 많이 낮추세요.

한 자리에서 몇 년을 운영하고도 모르는 사람도 태반입니다. 저 같은 경우도 한참 뒤에 이야기 듣고 찾아오시는 분들도 종종 계세요. 전단지의 내용도 거기서 거기입니다. 〈소수정예〉, 〈꼼꼼한 관리〉, 〈체계적인 지도〉, 〈맞춤형 수업〉 등등. 이런 전단지가 홍보시기가 되면 줄줄이 붙어 있어 보는 사람은 피로도만 쌓입니다. 사실 많이 보지도 않습니다.

그런가 하면 전단지를 주의 깊게 보는 사람도 있습니다. 바로 원장님들입니다. 경쟁자가 생겼나 안테나를 항상 곤두세우니까요.

셋째, 광고는 내가 하는 게 아니라 남이 해주는 것입니다.

첫 회원을 만족시키면 그 아이들이 자체 홍보 역할을 합니다. 아이들이 조금이라도 수업을 소홀히 해서 나가게 될 경우에 안 좋은 소문은 더 잘 퍼집니다. 아이들이 오래 다니고 있을 때 '그 아이 아직도 다니는 거 보니 괜찮나보네. 한 번 가볼까?' 하고 다음 아이들이 이어집니다.

넷째, CASE BY CASE입니다.

제 주변과 제 상황에 대한 경험이지 100% 어디에나 적용되는 것은 아닙니다. 교육열과 공부방의 희소성 등 시장에 따라 다르고 학원이 형성되지 않은 신도시의 경우 전단지만으로 초기에 학생을 끌어 모은 경우도 있습니다. 그래서 전략적으로 학원을 하거나 공부방을 하시려는 사업자분들은 신도시에 오픈을 하시는 전략을 택합니다.

오픈하시고자 하는 시장을 잘 살펴보세요. 충분히 살펴보고 능동적으로 광고방법을 택하시기 바랍니다.

소신있는 공부방이 성공한다

학부모 영향력에 흔들리지 마라

"우리 아이가 학교 임원이고 공부를 잘하니까 우리 애만 다니면 여기 입소문 나는 건 시간문제일 걸요."

자녀에 대한 프라이드가 아주 강하신 분이 제 공부방을 방문하셔서 볼펜과 종이를 달라고 하며 하나하나 꼭 면접관처럼 저를 체크하시더니 한 말입니다. 그러면서 제가 정해 놓은 시간표는 등한시한 채 책은 옥스퍼드 출판사에서 나온 xx, oo책으로 하고 시간은 화, 금 이렇게 해달라고 하더군요.

그래서 제가 "화, 금요일은 안 되고 제가 짜놓은 시간표에 맞춰주세요. 그리고 옥스퍼드 출판사의 그 교재들은 저희 공부방에선 쓰지 않습니다"라고 대답했습니다. 그러자 그분은 "그럼 화요일, 토요일로 해주세요"라고 단정지어 말하더군요.

이 학부모는 공부방을 운영하는 선생님에게 정중하게 묻기보다 무조건 자기한테 맞춰라 식이었습니다. 어찌어찌 힘든 상담을 종료하였는데 글에는 다 담을 수 없었지만 상당히 일방적으로 말씀하셔서 이 학부모의 아이를 가르치면 참 피곤하겠다 싶었습니다. 저는 슬며시 다른 곳을 추천해 드리며 입회를 틀었습니다.

공부방을 운영하며 그 학부모에 대한 소리가 여기저기서 들리더군요. 학교 행사에서나 그룹으로 사교육 팀을 짤 때도 자기 아이 위주고 다른 엄마들을 쥐락펴락하려고 하여 학부모들 사이에서 별명이 '밥맛'으로 통했습니다. 그 아이가 중학생이 되니 한 중학교 담임이 아이들에게 "ㅇㅇ엄마 때문에 ㅇㅇ는 힘들겠다" 하시더랍니다. 또 그 아이가 다니고 있는 영어 공부방에서는 그 학생의 엄마가 모든 아이들을 트집 잡으며 "어떻게 저런 수준의 아이들이 감히 우리 아이와 같은 레벨이냐"며 따진다는 소리도 들리더군요.

공부방 상담의 기본원칙

공부방을 오픈하고나서 대부분은 커리큘럼 걱정보다 '상담' 걱정을 많이 하는 경우를 봅니다. 가르치는 것은 자신 있어도 '상담'은 못 하시는 분들이 의외로 많더군요. 그도 그럴 것이 학원에서 아이들을 지도만 했었지 '상담'은 원장님들 몫이었으니까요.

저는 15년 넘게 강의를 하고 개인 레슨을 하면서 꽤 많은 학부모님들을 만나 상담은 수월했으나 그래도 작지만 창업이란 것을 하고나니 실수도 많이 하고 시간이 지나 후회한 적도 종종 있었습니다. 그래도 그나마 빨리 캐치를 하여 실수를 줄였지만요. 공부방 창업을 준비하시는 독자분들이 시행착오를 줄였으면 하는 마음에서 '룰'에 대해 써봅니다.

공부방이든 학원이든 운영을 함에 있어서 룰을 정하는 것은 참 중요합니다. 저의 룰은 이렇습니다.

첫째, 상담은 예약이 필수

말 그대로 예약을 우선으로 합니다. 준비가 안 된 자세로 즉흥 상담은 하지 않고 항상 시간 예약을 잡습니다.

둘째, 수업 중에 불쑥 찾아오시거나 수업 중 전화 상담은 금지

한 어머니께서 전 학원에 대한 불만이 있다고 말했습니다. 듣자하니 해당 학원 원장선생님이 기존 원생들은 자율학습을 시킨 체, 자신은 신규생 상담을 하는 것이 아이들에게 소홀하다고 느껴져서 학원을 그만둔 것이었죠. 이런 태도는 당장 한 학생은 받을 수 있어도 여러 명의 아이들을 잃을 수 있습니다.

저는 그래서 전화가 오면 "죄송하지만 지금 수업 중이라 상담이 어려우니 가능한 시간을 말씀해주시면 수업 후 전화 드려도 괜찮을까요?" 내지는 "편하신 시간 말씀해주시면 제가 다시 연락드릴게요"라고 말씀을 드립니다. 덕분에 한 번도 수업시간에 아이들에게 소홀하다는 식의 말이 나온 적은 없습니다.

셋째, 선별해서 학생을 받습니다

여기서 잠깐 처음 오픈 후 오는 학생들의 특징을 말씀드리고자 합니다.

1) 다른 학원에서 적응을 못한 경우

전 학원이나 공부방에서 선생님과 마찰이 있었거나 해서 퇴원한 경우, 새로운 곳을 알아봅니다.

2) 전 학원이나 공부방에서 성적이 오르지 않거나 떨어진 경우

선생님의 교육방식에 문제가 있을 수도 있고 학생의 성실함 부족인 경우도 있습니다.

3) 교육쇼핑형 학부모

어디 새로운 교육기관이 생기면 신제품 구경하듯 옮겨 다니는 학부모들이 있습니다. 보통 이런 경우 아이들이 적응할 만하면 옮기고 또 옮기고 하는 통에 실력향상이 더딘 경우를 많이 봅니다. 많은 원장님들이 제 말에 동의할 거라 생각합니다. 이런 학부모님들의 경우 성격이 급하셔서 단기간에 결과가 안 나오면 바로바로 옮기십니다. 이런 아이들을 받으면 곧 헤어짐을 준비하셔야 합니다.

4)이사 온 케이스

새로 이사 온 동네라 커뮤니티의 부재로 인해 찾는 경우입니다.

5)워킹맘

워킹맘들은 일하느라 교육정보에 발 빠르지 않습니다. 대체로 워킹맘에게는 '핫'하다는 교육기관 정보는 가장 늦게 도달되거나 아예 안 되거나 합니다.

처음 공부방을 오픈할 땐 자신만의 규칙을 세워라

대부분의 아이들은 다니던 곳에 잘 다니고 있습니다. 그래서 처음 오픈하시고 만나는 아이들은 공부와는 거리가 먼 아이들이 좀 더 많은 것 같습니다. 그래서 많은 원장님들이 오픈하고 나서 '어째 이상한 아이들만 오냐'라고 하소연하는 경우가 많습니다.

물론 예외도 있습니다. 저의 경우 운이 좋게도 첫 학생이 성실한 학생이었습니다. 그러나 그 이후에 상담을 온 케이스를 보면 정말 별의 별 학생들, 학부모님들을 오픈 초반에 다 만나본 것 같습니다.

첫 스타트에 불성실한 학생이 다니기 시작하면 "거기에 문제아들만 다닌대……."라고 소문이 납니다. 많은 공부방 원장님들이 이런 하소연을 하십니다.

"제가 운영하는 곳은 문제아 전담 공부방 같아요. 정말 공부 안 하고 버릇없는 아이를 기껏 태도 좀 잡아 성적 올려주고 나서 입소문을 기대했더니 계속 비슷한 아이들만 들어오네요."

초등학생보다도 성적을 바로바로 내야 하는 중·고등 학원이나 공부방에 그런 아이들이 있으면 '문제아들이 다니는 곳'에서 '못 가르치는 곳'으로 소문이 납니다. 낙인이 찍히면 선생님은 선생님대로 기운 빠지고 보람되지 않을 것이 분명하겠죠.

그래서 중·고등 공부방으로 소문이 잘난 곳은 레벨 테스트를 거쳐 상위권 아이들만 걸러 받는 곳도 있습니다. 다 받으면 당장은 돈이야 벌리겠지만 장기적으로 보면 소문이 안 좋게 나니 전략적인 방법을 택한 것입니다.

밖에 나가서 "우리 아이가 공부나 숙제를 게을리 하고 습관이 안 잡혀서 그래. 선생님 잘못은 없어"라고 말하시는 학부모는 거의 없습니다. 대신 "거기 보내놨더니 성적이 떨어졌어. 거기 별루야"라고 하시지요.

또 어떠한 아이도 "어머니! 소자, 열심히 공부하지 않고 선생님 수업에 집중하지 않아 성적이 떨어진 것 같습니다. 열심히 해보겠습니다"라고 말하는 학생은 없습니다. 대신 "엄마, 선생님이 나만 미워해. 아! 나만 혼낸다니까"라고 하며 또 학원 투어를 시작합니다.

저 같은 경우는 아이의 성적보다는 태도를 봅니다. 공부를 못하는 것은 괜찮으나 태도가 안 되고 준비가 안 된 학생은 솔직하게 말씀드리고 입회를 받지 않습니다. 불경기 속 수많은 학원과 공부방 사이에서 심란한 마음은 누구보다 잘 알지만, 멀리 길게 보고 자신만의 규칙을 세워보시길 바랍니다.

〈임보라의 ONE POINT 멘토링 레슨〉

5. 공부방 간식 지급 요령

Q 공부방을 인수받아서 운영 중입니다. 그런데 전 원장님이 아이들에게 간식을 주셨는지 자꾸 아이들이 간식을 요구하네요. 줬다가 안 주면 비용 지불하고 인수받은 아이들이 빠져나갈까 봐 걱정입니다. 어떻게 해야 하지요?

A 간식을 주는 공부방도 있고 주지 않는 공부방도 있고 다양한 공부방을 보았습니다. 그런데 공부방을 왜 오는 걸까요? 간식을 먹으러 오는 걸까요? 학습을 위해 오는 걸까요?

주변에 몇몇 공부방을 보니 간식을 넘어 요리를 함께 만들고 하는 공부방이 있는데 개인의 선택이지만 크게 좋아 보이진 않더라고요. 그리고 맞벌이가정으로 인해 못 먹고 오는 아이들이 안쓰럽다고 간식을 만들어주시다 공부는 공부대로 안 되고 오자마자 배고프다고 간식 달라고 하고 또 점점 음식도 가려서 다른 걸 해달라고 당당히 요구하는 아이들도 있더라고요. 주다가 안 주면 아이들이 그만둘까봐 전전긍긍하는 원장님도 보았어요.

만약 아이들이 공부방을 퇴원하는 이유가 간식을 주지 않아서일까요? 아니면 실력이 늘지 않아서일까요? 양자 중 택일하라면 후자 쪽으로 방향이 기울 겁니다.

저 같은 경우 간단한 사탕이나 부스러기 없는 과자 같은 것을 가끔 주는데요. 아이들이 그마저도 매우 감사해 한답니다. 그런데 같은 학생들인데도 가까운데 타 과목 간식 만들어주는 공부방 가서는 먹을 거 달라고 배고프다고 노래를 부른다네요.

공부는 공부대로 진도가 안 나가고 해서 또 다른 문제로 이어지는 것 같더라고요. 그리고 자주 일어나는 일은 아니지만 건빵을 줬다가 목에 걸려서 정말 큰일날 뻔한 일도 겪은 원장님 이야기를 들어서 간식을 주는데 신경 쓸 게 좀 많더라고요.

일단 원칙을 정하세요. 한 달 한 번이든 이벤트 데이든 아니면 간단한 과자를 주되 수업에 열심히 참여하는 학생들을 포인트제도로 해서 집에 갈 때 주는 방법도 있고요. 저는 이 방법이 가장 깔끔하다고 생각합니다.

학생은 이렇게 모아라

공부 의욕이 있는 아이를 받아라

상담을 오면 웬만하면 놓치지 않는 제 비법은 〈시식코너〉입니다. 시식코너는 마트에만 있는 것이 아닙니다. 즉, 교육업에서는 샘플수업을 제공하는 것입니다. 시식코너에서 한 번 맛보고 맛있으면 장바구니에 상품을 담아가 결제를 하는 것처럼요. 제가 초반에 상담을 통해 입회시킨 아이들은 100% 1~2회 무료체험수업을 제공받은 아이들입니다.

단, 제 나름의 '기준'이 있었습니다. 아이가 공부 의욕이 있는지 없는지 였습니다. 아이들을 오래 지켜보며 가르쳐 본 분들은 '척' 보면 '척'일 것입니다. 저 아이가 태도가 바른지, 가르치면 잘 따라올 것인지는 몇 분만 봐도 '촉'이란 게 옵니다. 내공 부족으로 '촉'이 안 오시는 분들은 방법이 있습니다. 아이한테 바로 물어보면 됩니다.

"영어공부 하고 싶니? 선생님이랑 열심히 해볼까?"

"네, 하고 싶어요" 하면 기회를 주시면 됩니다.

아이들은 솔직해서 바로 "아니요!"라고 하는 아이들도 많습니다.

한 번은 엄마 손에 끌려오다시피 온 것처럼 보이는 아이가 있었습니다. 어머니는 "우리 아이가 잘 안 하려고 하지만 머리는 굉장히 좋은 아이에요. 안 해서 그렇지. 잘한다 잘한다 해주시면 신나서 할 거고요…… 낯가림이 심해서 그렇지……. 아이에게 마음을 주시면 열심히 할 거예요"라고 하시더군요.

그런데 제 '촉'으로는 아이 표정이 꼭 아우슈비츠 포로수용소에 끌려온 것 같은 표정이었습니다. 그래서 저는 아이에게 단도직입적으로 물었습니다.

"선생님이랑 앞으로 재밌게 공부해보자!"

"싫은데요!"

(침묵)

어머님은 그때 화가 폭발해서 "너 진짜! 집에 가서 두고 보자!" 하시더군요.

저는 이럴 경우는 아이를 달래가며 수업하자고 하지 않습니다. 공부하려는 당사자가 의욕이 없는데 억지로 하는 것은 아니라고 생각하니까요. 그래서 체험수업은 하고자 하는 아이들, 제가 봐서 좋은 '감'이 오는 아이들에게만 제안을 합니다. 보통 초롱초롱한 눈빛으로 호기심 많은 아이들이 그런 케이스인데요. 거의 100이면 100 "선생님이랑 수업 해볼래?" 하면 "네! 해볼래요. 재밌을 거 같아요" 하고 수업 후에도 "엄마, 너무 재밌었어! 나 다닐

래" 하며 좋은 반응을 보입니다. 원래 호기심 많고 의욕 있는 아이들은 어디를 가든 무엇을 시켜 주든 새롭고 신기하고 흥미를 느끼고, 의욕 없는 아이들은 뭘 시켜줘도 "싫어, 재미없었어" 이러기 마련인 것 같습니다. 그런 아이에게 기회를 준들 나중에는 '아이가 재미없다네. 여기 못 가르치나 보다'라고 오히려 시식기회 주고 욕먹는 억울한 기분을 느끼실 겁니다.

태도가 안 된 아이는 가려서 받아라

그리고 제 나름의 원칙 또 한 가지는 무료 수업 기회를 요청하면 들어드리지 않는 것입니다. 왜냐하면 앞서 언급했듯 '촉'이 오면 먼저 물으시기 전에 제가 먼저 제안을 하기 때문입니다.

한 번은 한 학부모님이 아이를 데리고 왔는데 일단 엄마한테 하는 행동이 굉장히 불손했습니다. 더 봐줄 수 없는 것은 아들에게 쩔쩔매며 엄마가 눈치를 보고 있는 것이었습니다. 제발 공부만 해준다면 바랄 게 없겠다는 마음이었는데 개인적으로 내 자식은 저렇게 키우지 말아야겠다는 교훈을 주는 장면을 많이 연출했습니다.

아이는 과외를 하고 있는데 숙제를 하나도 안 해놔서 선생님이 많이 지치셨고 다시 하라 그러면 계속 숙제가 밀리니 짜증내며 더 안 한다는 것이었습니다. 그런데 선생님이 아이를 컨트롤 못 하는 것 같다며 은근 선생님의 역량 탓을 하시더니 그러던 중 새로운 곳을 알아보던 차에 소문을 듣고 찾아오셨다며 넋두리를 늘어 놓으셨습니다.

그 와중에 그 학생은 옆에서 "아~진짜! 집에 가자, 좀! 공부하기 싫다고.

아우씨……. 개짜증나"를 연발하더군요.

아이가 말버릇이 그런데도 혼내기는커녕 "저 녀석이 진짜……." 하며 약하게 눈을 흘기시더니, "이번 주부터 수업 3번 정도 받아볼게요" 하며 너무도 당당하게 저에게 말하더군요.

"네? 세 번이요? 무슨 말씀이시죠?"

"세 번 체험수업 받아보고 아이가 괜찮다고 하면 결정할게요."

(아드님이 긍정반응을 내보이지 않을 것임에 500원 겁니다만…….)

저는 단호하게 말씀드렸습니다.

"죄송하지만 체험수업은 제공하지 않습니다. 그리고 저는 공부할 마음이 안 선 아이는 가르치지 않아요. 여기 있는 아이들에게 방해가 될 거고 분위기 흩트려 놓으면 반 전체 분위기가 안 좋아져요."

뭐 나가서 누구는 해주더니 누구는 안 해주냐고 차별하냐 하실 수도 있지만 저는 그 아이 하나 컨트롤 못하는 무능력한 과외선생님의 아바타가 되는 것보다 정신의 안녕과 또 기회비용 차원에서도 거절하는 것이 낫다고 판단했습니다. 오픈을 하고나서 그리고 한참 잘 운영 중이더라도 각자의 기준을 세워 운영하시는 것이 옳다고 생각합니다.

물론 인류애적인 마음에서 '그럼 의욕 없고 공부 못하는 애들을 우리가 거두어주지 않으면 누가 거두어주냐'라고 물으시는 분도 있을 테지만 단언컨대 후회를 하는 분들을 많이 봤습니다. 그리고 의욕이 없는 것과 공부를 못하는 것은 다릅니다.

저는 공부 못하는 것은 괜찮으나 의욕이 없고 태도가 안 된 아이는 받지 않습니다. 게다가 제 경험으로 보면 부모가 통제를 못 하는 경우 공부를 잘하는 아이도 별로 없다는 게 지금까지의 결론입니다. 부모가 자식 하나 통제도 못 하고 위엄도 없는데 일주일에 몇 번 안 보는 선생님이 자신의 아이를 통제 못한다고 탓하는 부모도 문제가 있다고 생각합니다.

오는 대로 받았다가 후회하시며 뒤늦게 무슨 대책을 세워야겠다고 하시는 원장님들을 많이 봅니다. 부디 현명한 방향으로 운영을 하시길 바랍니다.

〈임보라의 ONE POINT 멘토링 레슨〉

6. 학습동기 부여 방법

Q 말 안 듣는 아이들이 있어서 너무나 힘이 드는 공부방 원장입니다. 매번 공부하기 싫다고 하고 지각도 자주 해요. 뭔가 동기부여를 해주고 싶은데 칭찬을 하다가도 잔소리가 나가게 되네요. 좋은 동기부여 방법 없을까요?

A 우선은 제가 주변 원장님들에게 자주 하는 말인데요. 원칙을 정해두세요. 신입학생이 들어오면 원의 규칙에 대해 말해두시고요. 지각이나 떠드는 행동을 못하게 해 두세요. 그래도 떠들고 지각하는 아이들이 있으면 어떤 선생님들은 체벌도 하시기도 하고 포인트 제도에서 차감을 하시기도 하는데 저는 그 차감이 아이들 다루는 데 마이너스 역할을 한다고 생각해요.

저는 그래서 그렇게 지각을 하거나 떠드는 학생을 반장으로 만들어요. '네가 반장이니 지각하는 아이 체크하고 떠드는 아이 체크하라'고 하면 지각하지 않고 와서 본인은 안 떠들고 갑자기 모범생으로 돌변하는 재밌는 모습을 보여주기도 하더군요. 또는 '이달의 출석왕'을 만들어서 주거나 오늘은 지각을 하지 않았으니 예쁘다며 집에 갈 때 사탕을 한 움큼 준다거나 하면 아이들의 대부분은 좋아지더라고요.

간절하면 반드시 이루어진다

외국인과 카페에서 영어로 대화하기

'전단지, 현수막, 직투, 학교 앞 홍보…… 다 해봤는데 학생들이 안 오네. 이제 어쩌지…….'

솔직한 저의 심정이 이랬습니다. 아마 공부방 창업을 해서 초반기에 있는 분들이 보면 '어머 나도 그런데…….' 이러실 수 있고 자리 잡은 분들이 이 글을 본다면 '나도 그랬었지' 하며 고생했던 그 시기를 떠올릴 수도 있으실 겁니다. 이제 창업을 준비 중인 예비 원장님들이라면 '헉!' 하며 겁이 날 수도 있겠죠.

제 취미는 독서입니다. 맘이 어수선할 때는 책을 더 많이 읽습니다. 제가 영어 공부방을 오픈하고 초반에 아이들이 모집이 잘 안 되고 싱숭생숭 심란할 때 정말 많은 책을 읽었었는데 그중에 하나가 《생존과 자존》곽정식 지음, 작가 출간이라는 책이었습니다. 포스코 임원이신 곽정식 씨가 저자이며 가정·직장·사회생활에 도움이 되는 글귀들이 마치 홍삼액처럼 농축되어 있어 밑줄을 열심히 그어가며 읽었습니다. 저는 저자에게 아이들 키우며 책을 새벽 내내 읽는다는 제 소개와 함께 책 후기를 메일로 보냈고 메일이 왔습니다.

진심과 성의로 쓰신 편지에 진심으로 감사합니다.
처음 쓴 책이라 어설픔도 있으련만 이렇게 너그럽게
보아주시니 무어라 감사의 말씀을 드려야 할지…….
누구에게나 스치는 단상과 물밀듯한 감정이 있을 것입니다.
저 역시 너무나 벅찬 감홍, 사무치는 후회들이 많았습니다.
그런 것들을 책으로 다 담기에는 너무나 부족했습니다만
임보라 님의 편지를 받고 보니 큰 격려가 됩니다.
워킹맘이라고 하셨는데 매사가 힘드실 수도 있을 것이고
하루하루 신경 안 쓰는 날이 없을 것인데도 책을 열심히
읽으신다니 훌륭하다는 말씀을 꼭 드리고 싶습니다.
어린 아이들이 책 읽으시는 모습을 보게 (아이들이 자면서도)
될 것입니다. 그것이 교육입니다. 가족들이 모두 성공할 것입니다.
저 역시 힘이 되는 대로 공부할 것이고 아프면 공부를 통해
정신을 집중하고 육체를 다스려 나갈 것입니다.

임보라 님의 태도에 존경을 표합니다. '스트라디바리우스'라는 바이올린은 시련과 피곤 그리고 지루함을 견딘 나무를 쓰기 때문에 울림이 독특합니다. 임보라 님에게 건강과 행복, 그리고 쏠쏠한 재미가 있는 연말이 되기를 바랍니다.

이렇게 몇 차례 메일을 주고받았습니다. 답장 내용 중에서 저자님은 과거 영어를 가르쳐본 적이 있으시고 교육업도 해본 적이 있다더군요. 책이 인연이 되어 저자를 직접 만나게 되었습니다. 그렇게 남편과 함께 저자를 만나(책에는 상무님이셨는데 시간이 좀 지나 만나 뵈니 어느새 전무님으로 승진해 계셨습니다. 현재도 굳건히 자리를 지키고 계시고요.) 식사를 하고 카페로 자리를 옮겨 여러 가지 말씀을 들었습니다.

큰 사업도 아닌 작은 영어 공부방 창업 분투에 대해 귀 기울여 정말 진지하게 들어주셨고 용기를 주는 말씀, 친절한 조언도 해주셨습니다. 본인은 사업을 조금 해보셨으나 심장이 약해 회사에 들어가게 되었다고 농담도 하시면서요.

이런저런 이야길 나누다 스쳐지나가는 말씀이셨는지 모르나 외국인과 카페에서 영어로 이야기하는 모습을 노출하는 것도 '광고'가 될 수 있지 않느냐고 하셨습니다. 영어로 대화를 나누는 모습을 학부모들이 본다면 어느 정도 광고 효과가 있지 않겠냐 하는 의미였던 것 같습니다.

책 저자와의 만남에서 새로운 아이디어를 주다

전무님은 주말인데도 회사에 잠시 들어가야 한다며 지하철역에서 내려다 주길 원하셔서 지하철역 앞에서 인사를 나누고 헤어졌습니다. 그리고 저에게 출장 가셨을 때 사온 스타벅스 기념커피세트를 선물로 주셨습니다.

일면식도 없는 저를 만나서 밥도 사주시고 되려 선물까지 받고 주말에 회사로 가시는 모습을 보며 바쁜 시간을 빼앗은 것 같아 죄송하고도 감사함이 밀려 왔습니다. 그리고 마음이 조금 먹먹했다고 할까요? 설명할 수 없는 감정인데 아래의 글을 읽다가 '딱 이 마음이다'라고 느껴서 적어봅니다.

변화연구소 소장 구본형 님이 별세하시고 추도게시판에 올라온 글입니다.

구본형 선생님이 어제 저녁 폐암으로 별세하였다고 한다.

너무 가슴이 아프다.

구본형 선생님과의 첫만남은 독자로서의 책과의 만남이었다.

바로 이 책《그대, 스스로를 고용하라》라는 책을 읽고 많은 울림이 있었다.

그후에도 구본형 선생님의 책은 거의 모든 책을 읽었던 것 같다.

가장 최근 책인《구본형의 신화 읽는 시간》까지.

구본형 선생님 때문에 나도 신화에 관심을 가지게 되었다.

그런데 무엇보다 잊을 수 없는 기억은 2005년으로 올라간다.

부동산은 실패의 나락으로 떨어지고 있었고, 그맘때 구본형 선생님은 처음으로 연구원을 모집하셨다.

나는 본능적으로 연구원에 지원을 하였다. 하지만 그당시 나의 관심사는 연구원과 맞지 않았고 나는 연구원이 되지 못했다.

그런데 그때 구본형 선생님에게 전화가 왔다. 한번 만나 식사를 사주시고 싶다고 하셨다.

나는 며칠 후 광화문에서 선생님을 만나 매생이국을 함께 먹었다.

내 지원글 속에 너무 바삐 사느라 매생이국을 아직 못 먹어봤다라는 글을 보시고 내게 매생이국을 사주신 것이었다.

나는 그날의 따뜻한 마음을 아직 잊지 못하고 있다.

그날 해주셨던 좋은 말씀도 잊지 못하고 있다.

언젠가는 꼭 만나 뵙고 그때는 정말 감사했다라고 인사드리고 싶었는데……

연구원에 다시 도전해 선생님의 가르침을 받고 싶었는데…….

인생은 이렇게 예측할 수가 없다.

구본형 선생님의 명복을 진심으로 빌며

너무 가슴 아픈 마음으로 이 글로써 다시 한 번 감사의 인사를 남긴다.

매생이국 대신 한정식을 함께했지만 그날의 기억은 잊지 못합니다. 전무님은 제게 성공할 것 같은 느낌이 온다 하셨는데 그냥 용기를 주는 빈말이라 할지라도 그 한마디가 풀이 꺾여 있던 제게는 큰 힘이 되었습니다. 언젠가 잘 되면 다음번엔 제가 식사를 대접하겠다는 문자를 마지막으로 보내고 집으로 와 그날 들었던 말씀들을 메모해 놓았습니다. 그렇게 우연히 만난 책 한 권이 제게 큰 힘을 주는 계기가 되었습니다.

재능기부로 얻은 공부방 홍보

"외국인과 커피숍에서 영어하는 모습을 노출시키기"

다시 한 번 그 말씀을 떠올렸습니다. 이 이야기를 들은 제 주변인들은 "그게 무슨 소리야~" 하며 웃었지만 절박했던 저는 모든 말씀 한마디 한마디를 '실행'에 옮길 궁리를 하게 만들었습니다. 종이에 계속 끼적였습니다.

'외국인과 카페에서 영어로 이야기를 하라고? ……. 어디서 외국인을 구하지? 이제 전단지, 현수막 등에 쓸 비용으로 외국인을 고용해야 하나?'

계속 종이에 끼적입니다.

'외국인과 카페에서 영어를…… 카페에서 영어를……. 외국인과? 카페에서 영어를?'

'그래, 맞다. 꼭 외국인과 이야기해야 하나? 영어하는 모습을 노출시키기만 하면 굳이 외국인일 필요가 있겠어?'

그때 아이디어 하나가 떡하니 떠올랐습니다.

재능기부!

지역카페에 들어가 주부를 대상으로 영어를 가르치는 거야. 주부들과 커피숍에서 영어를 하면 되잖아. 즉시 지역 커뮤니티에 들어가 '재능기부'를 하겠다는 글을 올렸는데 카페 운영자가 다 삭제하는 바람에 계속 글을 올릴 수는 없었습니다.

하지만 10분 사이 많은 주부들이 쪽지를 보냈고 그렇게 주부 6~8명을 시작으로 커피숍에서 영어 회화를 가르쳤습니다. 안타깝게도 같은 아파트 단지 사람들은 1명이었고 다 먼 지역에서 온 분들이었습니다. 그렇다고 안 할 순 없어 뭐 오전 시간을 주부들과 그냥 수다 떠느니 영어 가르치며 동네 이야기도 듣고 하자는 맘으로 즐겁게 임하기로 했죠.

그렇게 6개월 정도 재능기부를 했습니다. 모두 열성적이셨습니다. 한 분은 부부싸움 하다 하도 울어 눈이 부어 선글라스를 끼고 등장하는 열정까지 보여주시니 제가 어찌 안 가르칠 수 있겠습니까.

그렇게 6개월 동안 재능기부를 하고 마지막 날 식사와 선물까지 받고 마무리를 했습니다. 제 공부방 '홍보'는 제 숫기 없음과 영업력 부족으로 알리지 못했지만 말이죠. 그런데 어느 날부터 전화 상담이 한 통 두 통 늘어나기 시작했습니다.

'이상하다. 홍보물을 더 이상 돌리지도 않았는데 어디서 보고 문의가 오는 거지?'

알고 보니 그중 한 분이 제 열렬한 지지자가 되어 지역카페 및 주변 학부모들에게 제 전화번호를 마구 뿌려주셨습니다. 카페 활동을 잘하시는 분이셔서 잠실까지 연결을 해주셨습니다. 시간이 나면 개인레슨으로 잠실까지 나가라고 말이죠.

그분의 지지를 기반으로 한 푼 들이지 않은 홍보로 아이들이 모였습니다. 아이가 자라 고학년이 되고 그 동생이 또 그 동생의 친구가 입회하게 되고, 세상은 어찌나 좁던지 그 멤버 중 한 분도 나중에 학생의 어머니로 만나게 되었습니다.

"어! 선생님!! 공부방 하셨어요? 그때 왜 말씀 안 하셨어요?"

전화위복인지 저에게 겸손한 선의의 재능기부천사 이미지도 저절로 생겼습니다. 지인들이 어떻게 아이들을 모았냐고 물으면 "음……. 외국인과 커피숍에서 영어로 대화하는 모습을 노출시켜봐" 했어요. 다들 "아~뭐야. 그게~"하며 터무니없는 말이라는 듯 웃었지만 제 스토리를 다 듣고 나서는 "대단하다. 근데 선생님도 대단하네. 그걸 안 흘려듣고 행동으로 옮긴 게"라고 반응하더군요.

저는 제가 잘하는 걸 알고 있었습니다. 오래 성인강의를 해서 자신이 있었고 그걸 무기로 아이디어를 짜낸 것이지요. 도화선은 전무님이 당겨주셨지만 행동은 항상 본인의 몫입니다.

각자 잘하는 분야가 있을 것입니다. '엄마표 영어동화 읽어주기', '우리 아이 영어 잘하는 법' 등을 재능기부 주제로 해도 좋을 것 같고요. 무조건 재능기부를 하라는 뜻은 아닙니다.

제가 드리고 싶은 메시지는 '사람은 절박하면 아이디어가 나온다', '궁하면 통한다'입니다. 생각하고 또 생각하고 그래도 답이 안 나오면 또 생각해보세요. 궁리를 계속 하는 겁니다. 집중해서 궁리할 때 길은 반드시 열립니다.

제가 만약 전무님의 말에 콧방귀 뀌고 넘겼다면 이런 결과를 상상도 못했으니까요.

이 세상에는 위대한 진실이 하나 있어. 무언가를 온 마음을 다해 원한다면,

반드시 그렇게 된다는 거야.

— 파울로 코엘료, 《연금술사》 중에서

〈임보라의 ONE POINT 멘토링 레슨〉

7. 공부방은 고층? 저층?

Q 공부방을 오픈하려고 집 계약을 하러 다니는데……. 나와 있는 집이 10층 이상의 고층밖에 없네요. 대상은 초등학생들로 하려고 하는데요. 고층에 해도 될까요? 홍보가 안 될까봐 걱정입니다.

A 중요한 건 고층과 홍보의 상관관계보다는 추후 민원 들어올 경우의 수가 많다는 걸 생각하세요. 아무래도 초등학생들은 소란스럽게 다니기 때문에 인원이 늘어나면 소음 때문에 주변에서 민원이 들어올 수가 있죠. 또 엘리베이터를 자주 사용하게 되니 민원 또는 엘리베이터 이용요금을 더 부과 받으실 수도 있고요.

그런데 학생들이 중 고등학생들이라면 뛰어다니는 나이는 아니기 때문에 중고등 위주라면 고층이든 저층이든 큰 상관이 없는 듯하더군요.

홍보는 층수가 해주는 게 아니라 선생님의 실력과 열정을 바탕으로 저절로 입소문이 나게 되어 있어요.

새롭게 시행되는
개인과외교습자표시제

공부방의 정식 명칭은 개인과외교습자입니다. 매일 수없이 늘어나는 공부방으로 인해 그 투명성을 확보하고자 교육부는 학원의 설립·운영 및 과외교습에 관한 법률 시행령일부 개정령안을 2016년 11월 22일(화) 국무회의에서 통과시키고 개인과외교습자의 장소와 외부에 개인과외교습자임을 알리는 표지판을 부착하도록 하였고 이는 2016년 11월 30일부터 시행되어 왔습니다.

앞으로 운영 예정이거나 운영자이신 분들은 바뀐 개정안을 숙지해야 할 것입니다.

이렇게 개인과외장소 대문 주변에 게시판을 부착해야 합니다.

주요 내용

- 학원·교습소 및 개인과외교습자가 인쇄물·인터넷 등에 광고하는 경우 등록(신고)번호, 학원(교습소) 명칭 및 교습과정(교습과목)을 추가로 표시해야 함

* (현행) 교습비 등 → (개정) 교습비 등 + 등록·신고증명서 내용 중 대통령령으로 정하는 사항

- 학원의 등록증명서를 게시하지 않거나, 개인과외교습자가 그 주거지에서 과외교습을 하면서도 표지를 부착하지 않는 경우 부과되는 과태료에 대한 기준*(금액)을 마련.

* 1회 위반 50만 원, 2회 위반 100만 원, 3회 위반 200만 원

제 3 장

이것만 알아도 살아남는다

막강 공부방으로 살아남기

교육업으로 자리 잡기가 어려운 이유

어떠한 창업이든 최소 6개월~1년은 버텨야 서서히 자리를 잡는 것 같습니다. 그런데 교육업의 경우는 시간이 더 오래 걸립니다. 이유는 뭘까요?

첫째, 교육업의 특성상 입소문은 상당히 느리게 진행됩니다.

전단지 및 각종 홍보물의 효과가 들인 비용과 비례하지 않습니다. 제가 몸담고 있는 한 에이전시는 2000년 초 직원 3명으로 시작하였지만 현재는 연매출 200억이 넘는 교육전문기업으로 성장했습니다.

에이전시 대표님의 저서 《영성이 있는 일터 당근농장 이야기》노상충 지음, 끌리는책 출간를 보면 이런 글이 있습니다.

"어떻게든 방법을 찾아야 했다. 홍보지를 만들어 아파트 단지를 전전하는 것도 나의 일이었다. 먼저 교육열이 높은 목동의 학원 중심가 근처 아파트를 전략적 목표로 삼았다. 한 여름에 배낭과 쇼핑백에 전단지를 가득 넣고 아파트 경비원의 눈치를 살피며 1층부터 꼭대기 층까지 현관문 안으로 전단지를 넣었다. 경비원한테 들키기라도 하면 여지없이 한소리를 듣고 얼른 그 자리를 벗어나야 했다. 한 없이 고개를 숙이며 '죄송합니다'와 '한 번만 돌리고 갈게요'를 반복하곤 했다. (…….) 홍보 전단지를 수없이 돌렸다. 하지만 아파트 단지와 학원가를 휩쓸고 돌아도 사무실에 전화벨 소리가 울리지 않으면 정말 맥이 빠졌다."

"교육시장은 일반 제품을 파는 시장이나 여타 서비스 시장과 다른 특성이 있다. 광고를 열심히 한다고 하루아침에 고객층을 확보할 수 있는 것도 아니고, 싸게 판다고 많이 팔 수 있는 것도 아니었다. 가격이 싸도 남들이 좋다고 하기 전에는 아무도 사지 않고, 아무리 비싸도 입소문이 나면 줄서서 기다리는 것이 교육 서비스다. 소비자들이 선택하는 마지막 순간까지 여기저기 물어보고 다시 생각해보는 상품이 바로 교육 서비스인 것이다."

큰 회사를 운영하는 대표님도 처음에 이렇게 직접 전단지를 돌리며 쓴 맛을 보았습니다. 소비자들이 마지막 순간까지 주변에 묻고 물어 결정하는 것이 이 교육업의 특징입니다. 그렇기 때문에 학원을 무리하게 시작하게 되면 총알이 없어서 금세 폐업을 하게도 됩니다. 그 지역에서 자신을 알려야 합니다. 그것은 내가 아니라 남을 통해서 알려집니다. 즉, 입소문으로 학부모님들이 움직여야 합니다.

둘째, 그 지역의 교육수준이 영향을 줍니다.

교육열이 높은 곳은 대부분 소득도 높습니다. 특히나 소득이 높은 지역은 영어유치원 및 조기유학 등을 통해 영어를 빨리 접합니다.

영어격차english divide는 소득에 따라 비례하게 벌어집니다. 요즘은 강남에서 중국어 조기 교육이 유행이라 유치원 연 수강료가 2천만 원을 넘는 '중국어 유치원'이 등장하며 중국어격차chinese divide란 말도 나오고 있습니다.

셋째, 경쟁 교육기관과 파이 나누기

한 건물에 치킨집이 몇 개인지 또 병원은 왜 이리도 많은지요. 학원도 그렇고 말입니다.

공부방도 못지 않습니다. 다만 드러내놓지 않고 숨어 있기에 그 개수는 헤아리기가 쉽지 않을 뿐입니다. 공부방을 오픈하시는 분들은 준비를 마치고 보니 아래층이 이미 터 잡은 동종 과목 공부방이어서 난감하다고 하기도 합니다.

제 경우도 마찬가지였습니다. 옆집과 같은 동 위에 미술·영어·수학 공부방이 포진해 있었음을 살면서 알게 되었습니다. 또 많은 프랜차이즈 업체들이 공부방 사업에 뛰어들면서 우후죽순으로 늘어나고 있습니다. 임대료를 줄여보려는 기존 학원장님도 공부방으로 돌아서고 있고요.

입소문은 1년 안에 효과를 본다

저도 처음엔 빠른 시일 내에 아이들이 모이지 않자 이걸 계속해야 하나라는 생각을 했습니다. 교육업은 입소문으로 온다는 말을 들어보셨지요?

그런데 말입니다. 이 입소문이라는 것이 지역마다 다르겠지만 예전 같지가 않습니다. 우리는 입소문에 대해 좀 더 자세히 살펴 볼 필요가 있습니다.

잘 가르치면 소문이 잘 나서 소개가 들어올 것이다? 입소문의 진실은?

그럴 수도 있고 아닐 수도 있습니다. 이건 학부모 성향에 따라 나뉩니다. 내 줄 사람 내주고 안 내주는 사람은 평생 안 내줍니다. 저 같은 경우 오픈 초반에 두 명이 등록했을 때 같이 오신 두 분이 하신 말씀이 있었습니다.

"아이들이 체험수업 받고 재미있다고 해서 등록하러 다시 왔어요."

"감사합니다."

"그런데 지금 우리 아이들 등록하면 총 4명인가요? 소문나서 아이들 늘까봐 걱정되네."

"……."

이렇게 말씀하시는 분들도 계셨고 한 분은 체험수업을 받더니 자신의 집으로 와 일대일 개인 지도를 해달라더군요. 오픈하자마자 시간이 남아돈다고 방문 레슨을 하는 건 아닌 것 같아서 거절했는데 계속 부탁을 하시다가 결국 아이를 제가 있는 곳으로 보냈습니다.

그 시기는 제가 전단지를 돌렸던 때인데 아이들은 순진해서 미주알고주알 아무 생각 없이 말하는 경향이 있는지라 그 아이가 제가 붙인 전단지 내용을 마치 외운 듯 말을 해주더군요.

"어떻게 그렇게 다 외우고 있어?"라고 물어보니 "음, 우리 집 식탁 위에 선생님 전단지 다 있어요. 많이요."

알고 보니 그 학부모가 돌아다니며 제 전단지를 다 떼어 집에 숨겨 논 것이었습니다. 분명 며칠 전 "제가 발이 넓어요. 소개 많이 해드릴게요" 하신 분이셨는데 말이죠. 아이한테는 "너 혼자 배우는 게 좋은 거야"라고 하더랍니다.

순간 '정말 이걸 따져 말어, 접어 말어……. 세상이 날 안 도와주네' 하며 화가 났었는데 꾹꾹 누르고 참았습니다. 나중에 시간이 지나고 아이들이 서서히 늘어나자 이 아이 엄마는 그만두었습니다. 듣자하니 또 새로 오픈한 사람 없는 곳으로 갔다고 하더군요.

제가 힘겹게 버티던 시기는 8개월에서 1년 사이였습니다. 오픈하고 3개월 또는 6개월 만에 많이 모았다고 하는 곳엔 여러 이유가 있을 수 있습니다. 과외로 시작해 어느 정도 모으고 시작한 케이스, 돈 주고 인수한 케이스, 신도시 선점, 가족이 같이 시작, 저가형 공부방 등 많습니다. 그러나 보통 창업하고 자리 잡으려면 1년은 걸리는 것 같습니다. 어찌되었든 1년은 버텨야 합니다. 1년을 버텼다는 것은 인고의 시간을 보냈다는 뜻입니다. 얼마나 마음이 힘들고 하루하루 입이 마를지 겪어봐서 압니다. 아이를 낳고나면 아이가 잠도 안 자고 밤새 울어서 너무 힘들죠. 그런데 100일 정도 되면 아이가 잠도 잘 자고 조금씩 나아집니다. 엄마들은 '100일의 기적'이라고 부르기도 합니다.

초보 엄마들은 100일의 기적을 빨리 만나고 싶어 합니다. 물론 예외도 있습니다. '100일의 기절'이죠. 대부분은 기적을 맞이합니다.

초보 원장님들! '1년의 기적'을 조금만 더 참고 기다려보세요.

〈임보라의 ONE POINT 멘토링 레슨〉

8. 공부방 수업 횟수 조절운영법

Q 저는 미술 공부방을 하려고 해요. 그런데 이웃 수학 공부방은 주 3회를 하던데 저 같은 경우 어떻게 해야 좋을까요?

A 공부방 횟수를 주 몇 회를 해야 할지 고민이 많으시군요.

우선 지역마다 분위기가 달라요. 예체능을 많이 하는 지역이 있는가 하면 주요과목인 영수에 올인을 하는 동네도 있어요. 영수에 올인을 하는데 예체능인 미술을 무조건 주 2회나 3회로 정해버리면 힘들 것 같고요. 보통 예체능의 경우 주 1회~5회 선택제로 하더라고요. 주 1회 듣고 싶은 아이는 한 번만 오고 주 3회 하고 싶은 아이는 3회 오는 형식으로요.

논술이나 역사 공부방은 보통 주 1회 하기도 하고 전과목의 경우 과목이 많으니 주 4회~5회 수업을 합니다. 영수의 경우 주 1회는 효과가 떨어져서 시간을 늘리고 주 2회나 3회 많게는 5회까지 하는데 요즘 아이들은 피아노, 태권도, 논술, 독서, 방과 후 수업 등등 하는 게 많다보니 주 5회를 힘들어하는 아이들도 있어요.

동네 분위기를 우선 살피시고 또 선생님의 스케줄대로 움직여보세요.

제가 아는 선생님 한 분은 주 3회만 하시고 2회는 자녀와 놀러 다니며 추억을 만드시느라 수업을 안 하세요. 이게 또 공부방 운영의 매력이기도 하죠.

마법의 파레토 법칙을 믿어라

공부방 홍보의 성공법, 10명의 법칙

많은 기업들이 전체 판매 매출액 중 80%를 상위 20%의 고객들이 가져다 준다는 〈파레토의 법칙〉을 응용하여 VIP마케팅을 하고 있습니다. VIP를 대상으로 골프 대회를 열기도 하고 백화점에서는 VIP전용 주차장이나 발레파킹을 하는 등 그 20%에 해당하는 고객들을 위한 관리를 전략적으로 세웁니다.

파레토의 법칙을 아시나요? 이탈리아 경제학자 빌프레도 파레토Vilfredo Pareto의 이름에서 따 온 파레토의 법칙은 80/20의 원칙으로도 알려져 있습니다. 그는 우연히 개미를 관찰하다 재밌는 현상을 발견합니다. 전체를 100마리로 치면 노는 개미는 80마리, 일하는 개미는 20마리로 분류가 되더란 말입니다. 이탈리아 전체 재산도 80%를 상류층인 20%가 소유하고 있고, 회사 사원들을 보면 일하는 사람 20%, 대강대강 하는 사람이 80%라고 합니다.

이 파레토의 법칙은 미국경영컨설턴트 조지프주란joseph juran이 경영학에 처음 도입했지만 지금은 통계학, 회계학, 마케팅 등 사회전반에 널리 사용되고 있습니다. 재밌는 것은 학교에서도 공부하는 상위권은20%, 안 하는 녀석들이 80%인 것 같습니다.

여러분도 공부방 아이들에게 적용시켜 보세요. 잘하는 아이들만 모았다고 해도 그중에서 파레토의 법칙에 맞게 또 나뉩니다.

우리 공부방에서는 빅 마우스교육계에서는 '돼지엄마'라고 불리는역할을 하는 VIP가 누군지 체크해봐야 합니다. 수천 장의 전단지보다 한 명의 빅마우스 학부모가 낫습니다.

보통 '돼지엄마'의 자녀는 그 지역에서 공부를 잘하는 경우가 많습니다. 공부방에서 어느 정도 입소문이 나려면 학생 수가 최소 10명이 될 때까지 참아야 합니다. 이것을 저는 공부방의 파레토 법칙인 〈10명의 법칙〉이라고 부르고 싶습니다.

예외는 있을 테지만 제 주변과 제 케이스를 보면 10명이 입소문의 기준이었습니다. 분석이 취미인 저는 과거 인원이 기하급수적으로 늘 때를 분석해 보았습니다. 그중 10명이 모였을 때 정확히 20프로! 두 분이 차지하고 계셨는데 그중 한 분이 VVIP라면 다른 한 분은 VIP정도였습니다.

10명 중에 1명~2명이 입소문을 내주셨고 나머지 분들은 그냥 아이들을 보내주셨습니다. 소개를 애초에 안 해주시는 분들은 4년이 넘도록 자신의 아이 둘 셋은 연달아 보내면서도 소개는 꺼리셨습니다. 이런 비슷한 고민을 하시는 원장님도 많이 봅니다.

"정말 열심히 가르치는데 입소문을 잘 안 내주세요."

일단 10명이 기본으로 충족되어야 합니다. 그리고 그중에 돼지엄마 역할을 하실 분이 있는지 살펴봐야 합니다.

이런 분들의 성향을 잘 살펴보면 이렇습니다.

첫째, 아이가 학업에 두각을 나타냅니다.

둘째, 부모님이 여러 교육기관 방식에 관심이 지대합니다.

셋째, 사교성이 좋습니다.

넷째, 성격이 다소 급하신 분들도 있습니다.

한두 번 수업을 보고 열렬한 지지자가 되는 '빠른 반응형'이 많습니다. 그리고 별로라고 판단되면 또 빠른 반응형 성향대로 빠르게 다른 기관을 알아보십니다. 이러저러한 소문을 뿌리면서요.

대부분 바지런하게 동에 번쩍 서에 번쩍 여기저기 알아보시기도 많이 하고 학부모 모임도 많이 하기 때문에 뭐가 생겼다 하는 정보는 이런 학부모님들이 먼저 알고 계시는 얼리어답터 역할을 하십니다. 동네 트렌드세터 역할을 하시니 대다수 분들은 돼지엄마의 말을 더 신뢰하는 경우가 많습니다.

이 점은 참 아쉽습니다. 학부모님들이 주관을 가지고 판단을 하셔야 하는데 학원을 알아볼 때면 교육하는 사람의 말보다는 '카더라' 통신에 의지하기 때문입니다.

원장님의 학부모 중에 돼지엄마가 계시다면 사이를 돈독히 해야 합니다. 관계구축을 잘하면 소개를 많이 해주실 것입니다. 그러나 양날의 검과 같아서 관계가 무너지면 우루루 빼서 나가기도 합니다.그리고 소개를 안 해주는 나머지 학부모님들을 원망하면 안 된다고 말씀드리고 싶습니다. 아이를 보내주시는 것만으로 감사한 것이고 모집의 책임과 능력은 오롯이 운영자의 몫이니까요.

공부방 홍보할 때 하지 말아야 할 것들

첫째, 요즘 학원에서 길거리에서 떡볶이나 솜사탕 아니면 고가의 태블릿, 신발을 입회선물로 준다며 홍보를 합니다. 이것이 입회를 선택하는데 긍정적인 영향을 주지는 않습니다. 마트에서 경품으로 받을 수 있을 때나 줄을 서지 아이 교육을 담보로 선물에 욕심내는 부모들은 많지 않습니다.

둘째, 학생들에게 친구 데려오라고 하지 마세요. 학생들에게 장난 섞인 농담 식으로 '친구 데려와라' 할 수는 있습니다. 그런데 진지하게 자주 그러면 아이 입장에서도 부담스러운데다, 부모 귀에 들어가면 부정적인 생각을 하실 수 있습니다. 무엇보다 선생님으로서 권위도 사라지는 것 같습니다.

셋째, 어떤 원장님들은 상담 전화를 드리며 말미에 "어머니, 주변에 소개 좀 부탁드려요"라고 한다는데 저는 개인적으로 그런 말을 한 번도 해본 적이 없습니다. 본인만 알고 우리애만 다니고 싶어 하는 경우가 있는가 하면, 소개해주고 싶어도 주변에 친한 학부모가 없을 수도 있으니까요. 시간낭비라고 생각해요. 소개부탁을 하기 전에 해줄 분은 알아서 해주기도 하고요.

역지사지를 해보아야 합니다. 만약 다른 선생님이 저에게 "어머니, 소개 좀 해주세요"라고 한다면 부담이 될 듯 하거든요.

〈임보라의 ONE POINT 멘토링 레슨〉

9. 소란스런 아이 다루는 법

Q 제가 운영하는 공부방엔 공교롭게도(?) 남자아이들이 대부분입니다. 그런데 남자아이들만의 넘치는 에너지가 수업에 방해가 됩니다. 떠들고 장난치고 뒤돌아서면 주먹질하고……. 혼내면 그때 뿐! 1분을 못 넘기고 또 도돌이표 되는 남학생들로 인해 정말 기가 다 빠집니다. 심지어 선생님인 저에게도 말대꾸를 하는 학생이 있는데 한 학생이 그러니 다른 아이들도 휩쓸려서 저를 만만하게 보는 것 같습니다. 어떻게 하면 좋을까요?

A 저는 '침묵의 힘'을 믿습니다. 아이들이 떠들거나 장난을 칠 때 혼내고 윽박지르지 않고 조용히 바라보고 있는 것이 효과적일 때가 더 많습니다. 일명 침묵과 눈빛제압의 콜라보. 그리고 이제 다 떠들었으면 수업을 하자고 합니다. 눈치가 있는 아이들이면 섬뜩함을 느끼고 수업을 하고 그래도 눈치 없이 떠든다면 그 아이만 학습실로 따로 불러 일대일 면담을 합니다. 특히나 남자아이들은 군중심리가 있기 때문에 모아놓고 혼내기보다 분위기를 흐트러뜨리는 아이만 불러서 개별적으로 이야기했을 때 신기하게도 모여서 하던 행동은 사그러들고 순한 양이 되기도 합니다.
아이와 약속을 하고 나아지지 않으면 부모님 상담을 하겠다고 말하고 또 그런다면 2차로 부모님 상담에 들어갑니다.

팔지 말고 사게 해라!

우연한 기회는 언제나 행동하는 사람의 몫이다

요즘은 엄마들의 스펙이 정말 화려합니다. 그만큼 고학력 여성분들이 늘어난 것입니다. 학원의 경우를 볼까요?

깔끔하게 인테리어도 했겠다, 좋은 교재들로 무장했겠다, 스펙도 빵빵하겠다, 자신감 반, 설레임 반으로 오픈을 했지만 한 명의 학생이라는 '물꼬'를 트기가 쉽지 않습니다. 결론부터 말하자면, 학생을 모으는 일과 자신의 스펙과는 큰 상관이 없습니다. 공부를 잘해 의대를 졸업하고도 어디는 잘되는 병원이 있고 어디는 폐업을 하지 않습니까. 병원에서는 그래서 전문상담실장을 채용해 영업을 하는 게 이유 중 하나이기도 하겠지요.

'나는 스펙이 대단하니까 곧 사람들이 몰려올 거야'에서 시간이 지날수록

'어?! 왜 이렇게 찾아오는 사람이 없지? 그래, 불경기에 공부방도 포화상태고 지인들이 말릴 때 하지 말았어야 했어' 하며 점점 위축이 됩니다. 스펙과 사업은 큰 관련이 없습니다. 그렇게 따지면 MBA를 마친 사람은 다 사업의 달인이 되어야 하는데 현실은 그렇지 않거든요.

학력이 좋은 사람을 일컬어 북 스마트Book smart라고 하고 학력은 짧지만 산전수전 전장터에서 잔뼈가 굵은 사람을 스트리트 스마트Street smart라고 합니다. 대표적인 스트리트 스마트로는 정주영 회장이 있습니다.

여기서는 또 한 명의 스트리트 스마트, 고졸 출신으로 OB의 부회장까지 되신 장인수 씨의 이야기를 들려드릴까 합니다. 각 업계마다 전설이 있는데, 이 분은 주류업계, 특히 영업에서는 전설 급입니다.

장인수 부회장은 진로에 들어가서 영업의 꽃으로 불리는 진로 서울담당 이사를 맡으면서 역량을 발휘하기 시작하더니, 진로가 하이트와 합병 후에 OB에 스카우트 되었습니다. 그리고 1년 7개월 만에 업계 1위 하이트를 제치고 OB가 1위에 오르게 만들어 버립니다. 그 이후 장인수 씨는 대표이사 사장으로, 이제는 부회장이 되어 그 자리를 굳건히 지키고 계십니다.

스펙과 성공은 무관하다는 메시지입니다.

각자에 맞는 '전략'으로 '공략'하라

학생을 모으기 위해 넉살 좋은 선생님들은 주변에 자신을 셀프 PR하며 모으기도 합니다.

"얼마 전에 공부방 오픈했어요. 오랫동안 강사로 일하다 아이 키우며 잠시 쉬었는데 이제 아이도 좀 컸고 일을 해보려고요. 가르치는 건 자신 있으니 상담 한 번 오세요" 하며 한 명 두 명 아이들을 모집하는 분도 계십니다. 이것도 한 방법입니다.

제가 첨에 오픈하고 시간이 남아돌았을 당시 옆집과 인사를 나누다 보니 '미술 공부방'을 하시는 분이 있었습니다.(정말 요새는 집에서 많이들 운영을 하십니다.) 아이들을 어떻게 모았냐고 물으니 자신의 아이들을 키우며 아이 친구들과 놀이터에서 만난 엄마들과 친분을 쌓고 또 요가학원, 요리학원에 나가며 학부모들을 사귀다 보니 아이들이 조금씩 늘었다고 하더군요.

어떤 방법이든 통하면 되는 것인데 사람마다 성향이 다르고 처한 상황이 다르니 꼭 이렇게 하라는 것은 아닙니다. 저 같은 경우는 이사를 해서 아는 사람도 없었고 아이들이 어린이집에 다니고 있어 학부형이 아니었기에 그야말로 '맨땅에 헤딩' 하는 창업자였습니다. 거기다 제 성향이 요가학원, 요리학원을 다니며 넉살 좋게 "자기들, 나 공부방 오픈했어~ 애들 좀 데리고 와 봐" 하는 타입이 아니었기에 전략을 달리 했습니다. 저는 '정공법'을 택했습니다.

딱 한 명을 공략하자!

'선택과 집중' 그리고 '투자'

'아이들도 얼마 없겠다 여유 있게 투자해보자!'

될 성 부른 아이에게 투자해 공부방을 알려라

마침 가르치고 있는 학생 중에 어릴 적부터 영어를 꾸준히 배워 기본기가 되어 있었고 성실한 아이가 있어서 좀 더 빠르게 퍼포먼스를 낼 아이라고 판단하여 그 아이를 영어대회에 내보내려고 열심히 투자했습니다. 안 되도 좋은 경험했다 생각하면서요.

다행히 아이는 열심히 노력해서 수상을 하며 상장과 트로피를 받게 되었습니다. 아이의 부모님께서는 수상을 자랑하고픈 당연한 마음에 SNS에 수상사진을 올려놓으셨고 그 글을 본 주변 학부모님들의 문의가 이어졌습니다. 그분이 또 파레토 법칙 20%에 드는 분이라 많은 아이들을 소개해주셨습니다.

아는 학부모님들 중에 영어를 가르치는 분이 계셨습니다. 당시 둘째를 출산해서 큰 아이 봐줄 정신이 없다며 개인 레슨 문의도 오는 등, 여러 상담이 밀려왔습니다. 어떤 날은 30분 단위로 상담을 잡다보니 상담을 마치고 문을 열면 대문밖에 다른 분이 대기하시며 "어머! ㅇㅇ엄마, 여기서 만나네" 하는 상황도 생기는가 하면, 또 어떤 날은 오전부터 밤까지 상담으로 채워져 저녁밥을 11시에 먹는 날이 이어졌습니다. 휴가기간 때도 쉴 수 없이 전화와 문자가 빗발쳤습니다. 그렇게 3명 4명 늘어나더니 6개월 만에 20명 이상의 추가 학생으로 차 있었습니다.

그렇게 적은 투자금으로 큰 수익을 맛보았고 그렇게 모은 아이들로 또 다른 눈덩이 효과Snowball Effect를 내기 시작했습니다.

교내 영어대회에서 소수만 주는 상에 학년별로 줄줄이 입상을 시켰습니다. 전 학원에서 원어민 지도하에서도 상을 한 개도 못 탔던 한 학생은 제 지도 아래 그 학년 1명에게만 주는 '대상'을 거머쥐게 되었습니다. 주변 상가에 있는 학원보다 제 공부방이 성과를 많이 내게 되었고 또 아이들이 재밌게 다니며 실력도 많이 향상된다고 소문이 나기 시작하였습니다.

아이들이 늘면서 새 책걸상을 주문했고 가구 배달로 분주해지던 어느 날 옆집 선생님이 슬그머니 문을 열며 물어보셨습니다.

"책상이랑 의자 들어오는 거 보니 아이들 많이 늘었나 봐요. 안 그래도 벌써 소문이 났더라고요. 비법이 뭐에요? 부럽네요."

'나는 잘 가르치는데 왜 아무도 안 오지?'라고 생각하시는 분이 종종 있습니다. 그건 '난 연애하고 싶은데 왜 날 아무도 쳐다봐주지 않는 거야?' 하며 어두운 방에 박혀 신세한탄하며 맥주를 들이키는 사람과 같은 겁니다. 결국 보게 되는 남자는 택배아저씨 뿐이죠.

광고는 내가 하는 게 아니라 남이 해주는 것입니다. 물론 전략은 운영자가 짜는 것이고요. 나서야 합니다.

날 알려야겠다! 정공법으로!

그렇지만 저급하지 않게! 고급스럽게!

팔지 말고 사도록!

〈임보라의 ONE POINT 멘토링 레슨〉

10. 수업 중단을 막는 방법

Q 수업시간에 자주 물을 마시고 화장실을 다녀온다는 아이들이 있어요. 그러다 보니 수업 한참 진행 중에 흐름이 깨져서 화장실 다녀오는 동안 다른 아이들은 대기하고 있어서 진행이 원활하지 않은데요. 어쩌면 좋을까요?

A 저도 했던 고민이네요. 특히나 저학년 아이들은 화장실을 자주 가는 경향이 있지요. 첨에 저도 유난히 저학년 아이들이 잠깐만요 "선생님 화장실 좀요……. 목 말라요 물 마실래요" 하며 한 시간 동안 물, 화장실, 물, 화장실, 물, 화장실 몇 번을 부산하게 하더라고요. 수업이 중단되고 효율성이 떨어지는 건 당연했고요.

'안 되겠다 싶어'서 원칙을 정했습니다.

"너희들 학교에서 수업시간에 화장실 가느냐, 수업 마치고 쉬는 시간에 가지 않느냐……. 우리도 규칙이 있다. 원에 오면 들어오자마자 화장실이나 물을 마시고 수업 받고 또 마치면 가는 걸로 하자."

그러니까 많이 좋아지고 아이들도 참으려고 하더라고요. 수업의 흐름도 매끄러워진 건 당연하구요. 다만 정 못 참을 것 같은 아이들은 융통성 있게 보내줍니다.

이미지관리 1 — 외모관리에 신경써라

시간, 장소, 상황에 맞는 옷을 입어라

제 아들이 다닐 어린이집을 알아보려고 몇 군데의 어린이집에 상담을 간 적이 있습니다. 바로 옆 동에 어린이집이 있기에 '너무 가까워 좋네' 하며 상담하러 벨을 눌렀습니다. 사람을 외모로 판단하면 안 되지만 저는 문을 열고 저희를 맞이하는 원장님의 모습을 보고 적지 않게 놀랐습니다.

헝클어져 부스스한 헤어, 화장기 하나도 없이 우울한 안색과 표정, 목이 늘어진 티와 헤진 바지를 보며 '이것이 설마 그런지룩지저분한 느낌의 옷을 입어서 기존의 형식에 반항하는 히피룩을 표방한 것인가?'라고 생각하며 애써 제 가슴을 진정시킬 정도였습니다.

앉아서 상담을 하며 찬찬히 살펴보니 말씀하시는 어투에서도 힘이 하나도 없었고 생활에 찌든 모습이셨습니다. 본능적으로 든 생각은 '내 아이가 음식을 먹다 흘리면 바로 깔끔히 닦아 주실 분일까?', '주방의 위생 상태는 청결할까?'라는 생각이 들었고 마음속으로 '여긴 PASS! 어서 나가자'라고 생각이 들었습니다. 아무리 가까워도 내 아이를 맡기기엔 원장님의 겉으로 드러나는 모습이 단정치 못해 보였습니다. 그래서 규모가 큰 다른 어린이집을 찾아가 보았습니다.

그 어린이집은 전에 들른 곳과는 완전 또 반대였습니다. 저희 맞아주신 원장님은 흰 타이즈에 망사 발레복스커트를 입으시고 손톱은 길게 네일아트가 되어 있었고 짙은 화장을 하신 화려한 외모의 소유자셨습니다. '그런 지룩 원장님'을 보고 놀란 가슴 '국립발레단 원장님'을 보고 두 번 놀랐습니다. 원장 선생님께서는 어린이집의 유기농 먹거리 및 자체 양호실 등 고급 식재료와 규모 있는 시설에 대해 자랑하셨지만 제 머리는 이런 말을 하고 있었습니다.

'비싼 유기농 음식에 저 긴 웨이브 머리카락이 빠질 것 같아', '아이한테 손톱자국을 내면 어쩌나. 손톱이 너무 긴데…….' 여기도 아닌 것 같았습니다. 코를 찌르는 장미향수 냄새에 머리까지 아파졌습니다.

〈딴지일보〉의 김어준 총수를 아시지요? 김어준 총수가 배낭여행을 갔을 때 일화입니다. 김어준 씨는 배낭여행 중에 파리 대로에 있는 양복점 하나를 발견합니다. 뭐에 홀린 듯 정장, 타이, 구두를 세트로 입고 거울을 보니 자신의 모습이 너무 멋있어서 그 옷을 벗을 수 없었어요. 그 정장 브랜드는

BOSS였고 120만 원이나 되었다고 합니다. 남은 배낭여행은 두 달인데 김어준 씨는 가지고 있는 돈을 털어 정장을 그냥 사버렸고 그 옷을 입고 공원에서 노숙을 합니다. 수중에 남은 돈은 5만 원! 그 돈으로 숙소에 가서 하루를 보낸 뒤 주인에게 "내가 역으로 가서 손님 3명을 데려오면 날 재워주쇼. 만약 5명 이상 데려오면 한 사람 추가분부터 내게 커미션을 주시고요"라고 말하고 바로 그 당일 날 1시간 만에 30명을 데려왔답니다.

1주일 뒤 호텔에서는 제발 떠나지 말라고 붙잡았고 여분으로 50만 원도 생겼습니다. 그러자 든 생각이 '내가 왜 남의 장사를 해주나' 하며 체코로 가 그 50만 원을 주고 1주일간 집을 빌려 숙소가 필요한 사람들을 상대로 '삐끼 영업'을 하여 한 달 만에 천만 원을 법니다.

김어준 총수는 특유의 익살로 답합니다.

"이 모든 건 보스양복을 샀기 때문에 가능했어요."

보스정장을 근사하게 차려입은 그에게서 여느 삐끼와는 다른 아우라를 본 것일까요? 제가 말하고자 하는 것은 당장 나가서 보스정장이나 샤넬 원피스 같은 명품 옷을 사 입으시란 것이 아니라는 것쯤은 똑똑한 분이라면 알고 계시리라 생각합니다.

'WHAT YOU WEAR IS WHAT YOU ARE'라는 영어표현도 있죠. 즉, 당신이 입고 있는 옷이 당신을 말해줍니다. 결론만 이야기해서 의상과 이미지는 중요합니다.

T.P.O TIME, PLACE, OCCASION 즉 시간, 장소, 상황에 맞는 옷을 입어야 합니다. 우리나라 경찰이 아디다스 트레이닝복에 슬리퍼를 신은 채로 "잠시 검

문이 있겠습니다" 하면 여러분 반응은 어떨까요?

회사 면접을 보러갔는데 청바지에 티셔츠를 입고 가면 면접관들은 그 사람을 참신하다 생각하고 채용할까요? 그 사람이 스티브잡스가 아닌 다음에야 오히려 기본이 안 되었다고 인터뷰가 들어가기 전에 낙제점을 줄 것입니다.

저는 아이를 무난한 의상에 단정한 모습을 한 원장님이 계신 곳으로 등록시켰습니다.

공부방 사업자는 외모 연출에 신경써라

초두효과Primary Effect란 어떤 사람에 대한 첫 정보첫인상가 나중의 정보보다 그 사람에 대한 인상 형성에 결정적인 영향을 미친다는 심리학 이론입니다. 즉, 첫 이미지가 90점 이상을 따고 들어간다는 말이지요. 프린스턴대학교의 연구결과에 따르면 첫 인상은 0.1초 밖에 걸리지 않는다고 합니다. 인간의 뇌는 보는 순간 상대방을 결정한다고 하네요. 모 화장품 회사에서는 첫 인상을 결정짓는 시간에 대해 조사한 결과, 미국인들은 15초, 일본인들은 6초, 한국인들은 3초면 된다고 합니다.(외모에 민감한 우리나라 사람들의 성향을 대변해주는 결과가 아닌가 싶습니다.) 한 번 결정된 첫인상을 바꾸려면 60번 정도를 만나야 된다고 하니 60번의 노력을 할 바에 애초에 신경을 쓰는 게 효율적이지 않을까요?

삼성에 강의를 나가게 되면 강사지침서를 받게 되는데 그 지침서에 복장 관련 매뉴얼을 보면, "일반적인 경우, 비즈니스 캐주얼을 제안하고 있습니다. 강한 개성을 드러내는 비비드 컬러의 의상이나 시스루, 망사 소재의 화려한 의상, 민소매 상의, 반바지, 청바지, 미니스커트, 스포츠웨어, 플립플랍 등의 착용은 기본적인 임직원 복장 가이드라인에도 어긋나지만, 강사로서의 기본자질을 의심 받을 수 있으므로 자제하여 주시기 바랍니다"라고 명시되어 있습니다.

저는 저 지침서에서 '비즈니스'라는 단어와 '강사로서의 기본자질'에 포인트를 두고 싶습니다. 아이들을 가르치는 공부방도 엄연히 '비즈니스'입니다. 비즈니스를 하는 강사로서 격을 지키셔야 한다고 생각합니다. 지인 중에는 학원 컨설팅 업을 하시는 분들이 몇 계신데 잘 안 되는 학원장들을 만나 컨설팅을 하러 가보면 운영이 잘 안 되니까 죽을 표정에 공통적으로 외모관리를 못하고 계시다고 합니다. 이런 외모적인 부분은 민감해서 대놓고 말하기가 힘들다고 해요. 물론 운영도 잘 안 되는데 외모 가꾸고 옷 사 입을 여유가 어디 있느냐 할 수도 있지만 김어준 총수를 생각해보세요. 탈탈 털어 보스정장을 구입한 후의 변화를요.

솔직히 말씀드리면 컨설팅 비용에 나갈 돈으로 자신 관리를 해서 이미지 변화를 해보는 게 남는 게 아닐까 생각합니다. 학원사업에 이미지는 매우 중요합니다. 외모지상주의를 옹호하려는 것이 아닙니다. 이렇게 한 번 해보세요.

이미지관리 TIP

1. 너무 튀게 입지 않고 단정하게 입으세요. 짧은 스커트, 소매 없는 상의를 피하

세요.

2. 포인트를 주세요. 고급 의상이 없어도 좋습니다. 모노톤의 옷에 목걸이나 귀걸이 또는 스카프 하나만 둘러주어도 고급스런 이미지로 바뀝니다.

3. 담배냄새 주의하세요. 주변 학원이나 공부방의 담배 쩐 냄새가 학생들을 쫓아 보낼 수 있습니다.

4. 웃으세요. 죽는 표정한다고 학생이 늘지 않습니다. 늘 웃으며 맞이하세요.

T.P.O에 맞는 의상과 단정한 모습으로 이미지를 관리하시기 바랍니다.

〈임보라의 ONE POINT 멘토링 레슨〉

11. 공부방 수업에 맞는 복장

Q 집에서 수업을 하다 보니 복장에 소홀해지며 점점 불량해지는 것 같아요. 회사나 학원처럼 직장으로 나가는 것이 아니다 보니 의상에 신경을 덜 쓰게 되는데요. 한번은 아이가 선생님은 맨날 같은 티에 쫄바지만 입는다고 해서 얼굴이 달아오른 적이 있습니다. 그렇다고 집에서 정장을 빼 입기도 오버스럽고요. 어떻게 입고 수업해야 할까요?

A 일단 '집이냐 회사냐?'라는 건물외관에 프레임을 맞추지 말고 '내 직업이고 직장이다'라고 생각을 하면 어떨까요?

정장이나 고가의 옷을 입어야 하나 스스로 부담의 굴레를 지우지 마시고 단정하고 깔끔하게 청바지나 무채색의 의상을 입어도 좋고요.

사실 카리스마라는 것! 의복에서 나오는 것도 있습니다. 선생님답게 최소한 정갈한 의상을 입고 화려한 화장보다 비비크림이나 팩트 그리고 틴트 하나 정도 바르는데 10분도 채 걸리지 않으니 아이들을 직장의 고객이라 생각하고 대해 보세요. 이왕이면 다홍치마라잖아요.

이미지관리 2 — 말조심이 중요한 이유

24시간 CCTV는 돌아간다

"영어 선생님! 선생님한테 영어 배우는 수빈이 엄마 미술 공부방 하신다면서요? 그 엄마 어떤 것 같으세요?"

친분이 있는 한 학부모가 저에게 전화를 걸어와 무엇이 궁금하신지 살짝 떠보는 질문을 하셨습니다. 수빈이 어머니에 대해 살짝 걸렸던 한 부분이 있었는데 뭐 그건 그거고 괜찮은 분이셨습니다.

"음……. 수빈이 어머니 괜찮으신데요. 왜요?"

"아니……. 그게 아니라 소영 엄마 알죠? 그 엄마가 미술학원 알아보다가 같은 동에 수빈 엄마가 미술 공부방을 하길래 거기 가보라고 소개해줬더니 거긴 좀 그렇다네요."

"왜요?"

"지나가다가 우연히 수빈 엄마가 어떤 할머니랑 싸우는 걸 봤는데요. 아주 싸움닭이더래요. 그것도 노인한테 삿대질해가며 싸우는데 무섭더래요. 그래서 자기 아이 거기 보내기 꺼려진다고 하더라고요."

"아……. 그렇군요."

전화를 끊고 살짝 걸렸던 한 장면이 다시 상기되었습니다. 처음 제게 상담 오던 날, 제가 대문 앞에서 문을 열려고 하는데 수빈 어머니가 옆집에서 세워 논 유모차에 부딪히면서 "에이 씨……. 누가 여기다 이딴 걸 세워놓고 난리야?"라고 하는 걸 들었기 때문입니다.

사실 예사 어투가 아니었습니다. 제가 안 본 것은 믿는 성격이 아니지만 그때 그 모습이 떠오르며 '음, 그럴 수도 있겠다'라는 생각이 들었습니다. 내 아이를 보내면 꼭 무섭게 혼낼 것만 같은 생각이 아이를 키우는 엄마로서 안 들 수가 없었습니다. 같이 운영을 하는 입장이고 또 내 고객이기도 하니 염려가 되는 마음에 그런 말이 나온다는 걸 전해드릴까 하다가 고개를 저었습니다.

좋은 말도 아닌데 중간에서 말을 전하는 것은 조심하셔야 합니다. 자칭·타칭 저를 생각해준다며 수시로 이런 말 저런 말 마치 정보통처럼 전달해주는 학부모가 계십니다. 사람이란 동물이 전해 들으니 남의 험담을 누구를 통해 듣는 것이 몇 배로 기분도 나쁘지만 전달해 준 사람도 과히 곱게 보이진 않더군요.

곱씹어 볼수록 '혼자 알고 있지. 뭐 하러 전달해주지? 혹시 같이 흉본 거 아냐? 그러고 생각해주는 척 이러는 거겠지?'라는 생각이 들더군요.

쏴버린 화살, 흘러간 시간, 놓쳐버린 기회, 그리고 입 밖에 낸 말. 이 네 가지는 결코 돌아오지 않는다고 합니다. 함부로 말을 전달하지 마세요. 듣는 사람은 제3자의 입을 통해 들어 기분이 더 나빠지고 뒤통수 맞은 기분도 듭니다. 좋은 말이라도 되풀이하면 듣기 싫다는 속담이 있는데 안 좋은 말은 전달하지 않는 편이 낫다고 생각합니다.

공자가 말하기를 "길에서 들은 이야기를 전하지 마라. 그것은 덕을 버리는 행위다"라고 하셨습니다. 그런 이야기를 듣고 그 자리에 있던 사람도 방조죄가 될 수 있으니까요.

공부방은 동네에서 하는 일이기에 내 머리 위에 24시간 CCTV가 있다고 생각하셔야 합니다. 아무도 안 보는 것 같아도 다 보고 있고 좋은 소문보다 나쁜 소문이 더 확장력이 크니까요. 항상 조심 또 조심하셔야 합니다.

〈임보라의 ONE POINT 멘토링 레슨〉

12. 공부방 상담 노하우

Q 저는 일단 가르치는 것은 자신이 없는 편은 아닌데, 기존에 다니고 있는 아이들은 즐겁게 잘 다니고 있지만 어렵게 상담 문의가 오면 버벅대고 긴장되서 횡설수설하기도 해서 등록으로 이어지는 경우가 별로 없어요. 아까운 시간 할애해서 상담을 하는데 보람도 없고 상담, 참 어렵네요. 상담도 잘하는 선생님이 있는 건가 봐요.
원장님, 상담 노하우 좀 알려주세요.

A 상담! 쉽지 않죠. 말주변이 없다고 하시니 더 어려울 거라고 생각이 드네요. 일단 전화가 걸려왔을 때 조금 더 자신 있는 말투로 받아보시면 어떨까요? 낙담하지 마시고 스마트폰 녹음기능으로 본인의 목소리를 녹음해 보세요. 실제 본인의 목소리와 톤을 한 번 체크해보세요.
그리고 다시 밝고 경쾌한 목소리로 연습해보세요. 실제 상담전화가 걸려왔다고 생각하고 연습을 해보는 것이죠. 그리고 다시 한 번 들어 보며 수정을 해보세요.
모든 건 연습이 필요하고 연습만이 살 길인 것 같습니다.
그리고 당장 상담 파일을 하나 만드세요. 그 안에 커리큘럼과 교재 소개, 진도계획서 등을 일목요연하게 정리해보세요. 질문에 상담 오면 횡설수설한다고 하셨는데 로드맵대로 상담을 하다 보면 횡설수설함이 줄어들

것을 확신합니다.

상담도 경험이 늘어남에 따라 노하우가 생긴답니다. 많이 해보는 수밖에 없어요. 그러면서 미숙했던 점, 보완점들을 하나하나 마련해 나가는 것이죠.

제 4 장

스트레스는 친구다

잘 나가는 공부방엔 이유가 있다

초등 영어, 해본 사람만 가르칠 수 있다

'다음에 잘하겠다는 말 믿지 말랬잖아' —네이버**(다음)**

'굿바이, 폴' —해지스**(빈폴과 폴로)**

'피자 헛 드셨습니다.' —미스터피자**(피자헛)**

'아 반대로 힘없이 왕복할 것인가' —대우자동차**(현대자동차 아반떼)**

네거티브 전략을 사용한 광고 카피입니다. 괄호 안은 광고 카피가 깎아내리는 경쟁자고요. 기업들은 모두 앙숙이 있습니다. 나이키와 아디다스, 맥도날드와 버거킹, 쿠팡과 티몬, 네이버와 다음 등 세상은 삭막하고 치열합니다.

작은 공부방을 운영하는 데도 별별 일을 다 겪게 됩니다. 어제의 '동지'가 오늘의 '적'이 되는 경험을 하다 보니 굉장히 화가 끓어오르고 속상한 적이 있었습니다. 블로그를 운영하다 보니 경쟁자들의 염탐 문자나 전화로 인해 성가신 적도 있었지만 같은 일을 하며 물어뜯는 원장님을 만날 때 가장 힘이 듭니다.

소문을 통해 온 한 영어 학원 원장님의 고민은 자신의 아이가 더 이상 말을 듣지 않아 부딪혀 "내 자식 내가 못 가르치겠으니 좀 가르쳐주세요"였습니다. 같은 영어를 가르치는 선생님이라 꺼려졌지만 그분은 중고등부 선생님이었고 저는 초등부를 중심으로 하였기에 그렇게 연을 맺게 되었습니다. 그러다 원장님의 둘째 아이도 지도하며 친분을 유지하고 있었습니다.

그런데 그분이 내부의 적으로 돌변하여 제가 쓰는 교재, 운영방식을 알아내려다 안 되니 스파이까지 심어서 캐내고 물어뜯고 하는 비열한 짓을 하기 시작했습니다. 저만 몰랐고 다른 학부모들이 알고 있어서 학부모들을 상대로 제 험담과 학생들을 빼내가려는 문자들을 보냈고 고맙게도 한 학부모님이 모든 증거를 캡쳐하여 보내주셨습니다. 그 선생님과의 인연을 한 달간의 잡음 끝에 끝내며 참으로 화가 났었던 경험을 했습니다. 나서서 적극적으로 해명하고 싶었지만 참았고 굳이 승리를 논하자면 그분의 악행에 대해 소문이 퍼져 그나마 마음은 좀 풀리더군요. 나이도 저보다 10살은 많으시고 그만큼 경력도 많을텐데 왜 저를 경쟁상대로 삼았는지 어이가 없었습니다. 그 이후로 다시는 한 동네의 동종 과목의 선생님과는 어떤 이유건 간에 친분을 맺으면 안 되겠다는 교훈을 얻었습니다.

그리고 그 원장님을 통해 또 한 가지를 배운 사건이 있습니다. 중고등부를 가르치며 운영이 잘 안 되는지 그 원장님은 생전 가르쳐 보지 않은 초등에 손을 뻗게 됩니다. 물론 생전 가르쳐보지 않고도 잘하는 분도 계실 테지만 제가 보는 그분의 성향은 초등부에 어울리지 않았습니다. 제가 초등부를 신나게 가르치는 걸 보고 '이거다' 싶었는지 저한테는 학생들을 소개해 주겠다 하며 여러 가질 묻더니 저 몰래 초등부를 모집해서 가르치고 있었더군요. 그러다 맞지 않다는 걸 느꼈는지 엉망으로 수업을 하고 경력이 없는 자기 친척에게 아이들을 넘기고 하다가 나쁜 소문이 났습니다. 그 일이 자기가 마음먹은 대로 되지 않자 또 다른 일을 벌리고 순식간에 소문은 "있는 아이들이나 잘 가르칠 것이지 뭐 저렇게 이거저거 손을 댄데? 애들이 다 돈으로 보이나? 다니는 애들이 마루타네……. 불쌍하다" 하며 학부모 모임에서 그분의 소문이 안 좋게 났습니다. '선택과 집중'을 해야 하는데 이것저것에 손을 뻗은 것이 더 나락으로 빠지게 된 원인이었습니다.

기업도 마찬가지입니다.

LEGO는 위기를 어떻게 돌파했을까?

2004년, 덴마크의 장난감 회사 레고는 파산 일보 직전이었습니다. 컴퓨터와 디지털 게임에 밀리고 이를 대처하지 못한 방만한 경영 때문에 위기를 맞았던 것입니다. 한때 잘나가는 레고가 방만한 경영에 위기에 처하자 혁신을 하기 위해 비디오 게임, 놀이공원, 에듀케이션센터, 티비쇼를 만들고 외부 기업과 협업하여 무비 메이커 제품들도 만들기 시작합니다. 또 컴퓨터

디자인 프로그램인 '레고 디지털 디자이너'라는 기술을 개발하고 아이들이 가상의 레고블록을 조립할 수 있도록 했습니다.

#블루오션 시장을 찾아라

#파괴적 혁신을 일으켜라

#열린 혁신을 실행하라

#고객에게 다가가라

#다양하고 창의적인 인재를 고용해라

#혁신의 전 영역을 탐험하라

#혁신 문화를 구축해라

혁신! 혁신! 혁신!

레고는 혁신을 일으키기 위해 모든 전략을 동원했습니다. 하지만 그 결과는 암담했습니다. 2003년 회사는 300만 달러의 적자를 냈고 파산 위기에 봉착합니다.

2004년부터 레고는 뼈를 깎는 구조조정에 들어갑니다. 우선 혁신을 버리고 '초심'으로 돌아가기. 경영진은 비 핵심 사업을 정리하고 1만 4,200개의 블록 중 쓸모없는 블록 절반을 감축합니다. 그렇게 제조와 유통에 드는 비용은 줄고 제품의 호환성은 높이고 레고의 본질인 블록을 조립하는 재미에 집중하도록 합니다.

그 후, 10년 연속 매출은 다시 성장하고 세계 장난감 업체 1위 자리를 차지하게 됩니다. 위기의 순간, 혁신은 거창한 변화나 새로운 아이디어가 아니라 내가 가장 잘할 수 있는 것을 하는 것입니다.

레고가 우리에게 주는 교훈은 '본질에 집중하라'입니다. 이와 비슷한 사례로 다이슨과 한경희 생활과학의 경우도 있습니다. 두 기업은 희비가 엇갈리고 있는데요. 다이슨은 영국의 애플로 통하고 현재 한경희는 워크아웃 절차를 밟고 있습니다. 두 회사 모두 청소기가 주력 상품이었으나 다이슨은 수익의 40%를 연구에 재투자하고 한경희 생활과학은 무선주전자, 믹서기, 식품건조기, 죽마스터 등 청소기와 관련 없는 제품을 내놓고 설상가상으로 변두리 제품들도 실패하자 워크아웃 신청에 들어간 것입니다. 중요한 것은 업의 본질을 고수했느냐입니다. 저는 절 경쟁자라고 생각하고 음해하다가 여기저기 손을 뻗어 위기를 맞게 된 그 원장님을 보며 반면교사를 삼게 되었습니다.

선택과 집중!

내가 가장 잘하는 것을 하자!

The last straw

음해성 소문에 흔들리지 마라

"어느 조직이나 사회에 그런 분들이 계시지만 일부 부정적 사고 성향의 부모님께서 이번 프로젝트 전시 발표를 입학설명회에 참석하시는 분들을 위해 준비했다고 카톡상에서 여론이 조성된 것 같습니다. 저희 설명회는 11월 초부터 진행되어 24일 마지막 4차 설명회를 마치고 시간이 허락하시는 분에 한해 전시교실을 개방 안 하고 복도만 거쳐 지나는 정도로 허락을 한 바 운영위원분들께 89개의 CCTV 중 3층 전시실 판독을 통해 확인시켜 드리겠습니다. 저희 유치원은 홍보를 하지 않아도 오고 싶어 하시는 분들이 많은데, 시설물도 아닌 프로젝트를 신입 학부모들에게 활용했다고 소문을 퍼트리면, 교육에 대한 열정과 수고를 다

해 프로젝트를 준비하고 교육해 온 저희 교직원 모두는 허탈감과 자괴감을 금치 못하며 정신적 스트레스가 쌓이면 그만큼 아이들 지도에 힘이 빠질 수도 있지 않겠습니까? 앞으로는 저희의 진실이 왜곡되지 않고 서로 신뢰와 존경, 사랑하는 유치원 문화가 학부모님들을 통해 이루어졌으면 합니다."

위 내용은 제 큰 아들이 다니고 있던 유치원의 가정통신문 중 일부입니다. 글만 봐도 선생님들의 힘듦과 좌절감이 절절히 읽히더군요.

제가 공부방을 운영을 하며 학부모 상대를 많이 하다 보니 동병상련의 감정이 더 느껴졌습니다. 저 가정통신문을 받기 며칠 전 유치원 학부모들의 단체 카톡방에서 엄마들이 이러쿵 저러쿵 하다가 확인도 안 된 것을 기정사실로 만들어 버리는 집단의 황당한 힘을 보며 학부모이기도 한 저이지만 운영자의 입장에 서서 묵묵히 대화를 지켜보고 있었습니다.

한두 명이 "혹시 이런 거 아냐?"가 "맞다. 그런 것 같다"에서 "우리 이러지 말고 단체로 움직입시다. 목소리를 높여 아닌 건 아니라고 컴플레인 해야 합니다"라고 진행되는 걸 보며 이렇게 억측을 하는구나 생각하며 씁쓸해졌습니다.

유치원 이사장님(나이는 70이 넘는)과 통화를 하면 운영이 너무 힘들다, 정말 아이들을 위해 적자를 감수해가며 운영하고 있는 중인데 학부모들이 별 거 아닌 걸 가지고 우르르 몰려와 따지는 경우가 많아서 요즘 부모들의 이기주의와 참을성 부족에 놀라시더군요. 그리고 20년 경력의 베테랑 여원장님은 얼마 전 속상해서 우셨다고도 하시고요. 이런 이야기를 그나마 대화가 통하는 저한테나 한다며 말도 못하게 속상하다고 하시더군요.

살다 보면 사람은 누구나 억울하고 좌절감 드는 경험담이 있을 것입니다. 나에 대한 오해, 뒷담화, 억측이 가시복어의 몸통마냥 부풀어 올라 말도 안 되는 소문이 독이 되어 퍼지기도 하고요. 대부분의 업무에서 받는 스트레스라기 보다는 대인관계에서 오는 소모전이라고 합니다. 통계에 따르면 직장인이 이직을 결심한 이유가 상사나 직장동료와의 마찰이니까요.

아이보다 학부모가 공부방 운영을 힘들게 한다

저에게도 많은 일들이 있었지만 한 케이스를 말해보고자 합니다. 겉으로는 사이가 좋은 학부모 세 명이서 저에게 아이들을 맡기셨는데 그 사이의 보이지 않는 경쟁이 대단했습니다.

제가 A엄마의 자녀만 예뻐한다고 B, C엄마가 억측을 하며 저에게 넌지시 항의조로 말씀하시더군요.

"선생님이 A만 예뻐한다고 그러던데……. 그런 말이 저희들 귀에 들리니 기분이 좋지가 않네요."

원인을 찾아보니 정말로 열심히 하는 A에게 제가 수업시간에 "넌 참 열심히 하는구나. 잘했어!"라고 한 한마디가 이상한 소문으로 흐른 것 같더군요. 게다가 C엄마는 무슨 감정이 복받쳤는지 수업 중에 전화를 해서 "선생님이 우리 아이를 안 예뻐하고 A만 노골적으로 (웬 노골적?) 칭찬해서 우리 아이가 기가 죽어서 아이도 울고 저도 지금 눈물이 나오네요" 하며 수업 시간은 아랑곳하지 않고 하고 싶은 말만 하시더군요.

누가 그런 말을 하더냐 물으니 그건 말할 수 없답니다. 그런데 감이 있었습니다. 바로 B의 엄마였습니다. 그런데 이번엔 D엄마가 전화가 옵니다.

"커피숍에서 들었는데요. 선생님 이야길 하고 있던데 B엄마가 이간질을 해서 엄마들이 속상했나 봐요."

역시 B의 엄마였습니다. 그런데 B학생이 손에 뭘 들고 옵니다. 그리고 바로 B엄마의 문자가 오더군요. "선생님, 아이들 지도하시느라 힘드실 텐데 건강 챙기며 수업 하세요" 하며 수제차를 보내주셨습니다.

한 번은 학원을 하는 모임 멤버인 남자 원장이 씩씩거리며 제게 하소연 전화를 하더군요.

"내가 오늘 한 녀석이 숙제도 안 해오고 했길래 좀 혼냈어요. 그런데 진짜 아……. 열 받아. 그 아이 엄마가 학원으로 붉으락푸르락해서 찾아오더니 왜 우리 애를 그렇게 혼냈냐는 거야.

아니 잔소리 좀 했기로서니 내가 뭘 또 자기애를 잡았대. 애가 가서 오버해서 이야기했나 봐요. 그래서 내가 아니라고 했거든. 그랬더니 대뜸 이러는 거야.

"아까 출근길에 커피 사가시던데 표정이 굳어 있으시더라고요? 부부싸움이라도 한 거예요? 아님 애가 안 생겨서 스트레스 받으신 건가? 아무리 그렇다 해도 그렇지 왜 개인감정을 우리 애한테 푸세요."

동료 원장은 몹시도 부들거렸습니다. 이 외에도 분개할 만한 스토리는 많습니다.

혹시 창업 전인 분이 이 글을 본다면 '아! 다른 일을 찾아봐야겠다' 하실 테고 운영 중인 원장님이 보신다면 '난 이보다 더한 것도 겪었는데…….' 하실지도 모르겠습니다.

어떤 사람은 견디기가 힘들어 폐업을 하고 아예 다른 분야로 창업을 하신 분도 있습니다. 모든 학부모가 다 이런 것은 아니지만 소수의 분들 때문에 정말 힘들 때가 많습니다. 직장인도 별반 다를 것이 없습니다. 관두고 다른 직종을 알아보던가 이직을 하던가, 아니면 버티고 버티던가, 그리고 이 일을 계속해야 하나 끝없는 고민과 나락으로 들어가게 됩니다. 여러분의 스트레스 지수는 어떠세요?

* 158페이지에 스트레스 자가진단테스트가 있으니 한번 해보세요.

〈임보라의 ONE POINT 멘토링 레슨〉

13. 공부방 지역 조사는 어떻게 하나요?

Q 신도시에 아파트를 분양받아 다음 달에 이사를 갑니다. 아이들은 이제 다 키워놔서 중학생이 되고요. 아이들에게 손 갈게 줄어들다 보니 슬슬 제 일을 하고 싶어요. 그래서 이사를 가면 공부방을 오픈하려고 하는데 수요가 얼마나 있을지 모르겠는데 뭘 조사해야 할까요? 또 교육비로 얼마를 책정해야 할지도 모르겠고요.

A 일단 파악해야 할 것들은 아파트의 세대수와 평수 그리고 전세가와 일반 매매가를 파악해보세요. 통계적으로 봐도 전세가와 매매가가 높은 지역이 소득도 높고 교육에 대한 열의도 남달라서 교육비 책정하시는데 도움이 될 거예요.

또한 주변상가에 어떤 학원들이 있는지 파악해보시고 학원에 방문하셔서 상담해보시면 대략 동네 아이들의 학습수준과 분위기 그리고 교육비도 파악하실 수 있습니다.주변 학교의 인원수도 파악해보시고요.

마지막으로 요즘엔 SNS에 지역카페가 대부분 있으니 지역카페에 가입해서 질문이나 글들을 통해 여러 가지 분위기나 정보를 얻을 수 있을 거예요.

생존과 자존

견딜 수 없는 마지막 한계가 왔을 때

When everything seems to be going against you,
remember that the airplane takes off against
the wind, not with it.
만약 모든 일이 너에게 불리하게
되어가는 것 같을 때면 기억하라.
비행기는 바람을 가르고 이륙하는 것이지
바람의 힘으로 이륙하는 것이 아니다.
- Henry Ford (헨리 포드)

밤마다 쌕쌕거림이 심해져 이비인후과에 가서 호흡기 치료와 항생제를 먹어도 낫지 않아 유명하다는 한의원에 갔습니다. 선생님이 진맥을 짚으시더니 "맥이 누워 있네요. 스트레스가 심하신가 봐요. 참지만 마시고 발산 좀 하세요" 하는 게 아닌가.

"저 발산하고 사는 편인데요."

"허! 그런데 이래요? 완전 심하신가 본대……. 맥이 죽어 있어요."

천식약을 처방 받고 돌아오는 길에 많은 생각을 했습니다.

1인이 티칭, 홍보, 관리, 상담 거기다 살림 육아까지 1인 다역을 하니 과부하가 걸린 것입니다. 계속 성과를 낸다고 아이들 영어시험 대비를 해주며 목을 많이 썼는지 약을 먹어도 밤만 되면 폐병 환자처럼 쌕쌕거리고 코가 뒤로 넘어가고……. 그런데 몸도 몸이지만 마음이 피폐해지고 정말로 다 하기 싫은 순간이 오더군요. 언제는 학생만 들어오면 살 것 같더니 이젠 자릴 잡아도 이러니 배가 불렀나 잠깐 반성도 해보았지만 그때뿐이었습니다. 수업을 마치고 저녁이 되면 탈진해서 누워 있기 일쑤였고 그나마도 쉴라치면 여기저기서 문자나 전화가 오고 어쩔 땐 하소연을 1시간 이상씩 들어주게 되는 날이면 진짜 전화기를 변기 속에 넣고 도망치고 싶은 마음뿐이었습니다.

'THE LAST STRAW' 최후의 결정타, 견딜 수 없는 마지막 한계를 뜻하는 관용 표현입니다.

'IT'S THE LAST STRAW THAT BREAKS THE CAMEL'S BACK'라는 영어

속담이 있는데 낙타의 등에 짐을 계속해서 싣다 보면 마지막 지푸라기 한 개만 올려 놓았을 뿐인데 낙타가 이를 버티지 못하고 주저앉아 버린다는 표현입니다. 아무리 가벼운 지푸라기라도 낙타를 쓰러뜨리는 임계점에 도달한다는 것이지요. 그야말로 모든 게 차곡차곡 년 수와 함께 쌓여 결국 가소로운 지푸라기 무게에도 무너져 내리는 낙타가 되었습니다.

왜 그럴 땐 화끈하게 '접어 버리는' 사람들만 보이든지……. 유혹에 흔들리기도 했습니다. 하지만 웬지 모르게 'ONE OF THOSE'가 되고 싶진 않은 오기가 올라와 좀 더 버텨보자 생각이 들었고 좀 쉬엄쉬엄하자는 생각에 취미활동을 늘렸습니다. 오전에 운동이나 세미나 등을 다니고 좋아하는 독서도 많이 했지만 그걸로도 풀리지 않아 뭔가 '몰입'할 것을 적극적으로 찾아보았습니다.

그래서 주말에 한겨레 번역입문과정을 등록해서 아동. 청소년 번역과정을 수료했습니다. 입문과정은 할 만 했는데 실전과정까지 가니 매우 힘들었습니다. 동기들도 너무 힘들어했고 저는 꽉 찬 수업을 마치고 과제를 하다 보니 귀 속까지 찌르는 듯한 통증까지 오고 과정 막판에는 하혈까지 했습니다. 천식, 귀의 통증, 하혈, 스트레스……. 그런데도 이상하게 즐거웠고 힐링이 되는 시간이었습니다. 또한 〈더벅머리 페터〉라는 e북을 공역으로 번역한 결과물도 얻었구요.

의외의 활동에서 슬럼프를 극복하게 되다

번역 멤버 중에는 쟁쟁한 실력자들이 많았는데 그중 한 분은 미국에 주재

원으로 간 남편을 따라갔다가 같이 석사를 하고 와서 취업을 하려다 보니 다 거절당했다고 합니다. 그분이 번역 수업을 듣는 이유는 어느 날 아이가 "엄마는 꿈이 뭐야?"라고 묻는 질문에 머리를 탕 맞은 느낌이 들어 무언가를 해보려고 등록했다고 하시더군요. 그때 제가 느낀 건 '그래도 내 일이 있다는 것이 행복한 것이구나' 였습니다.

평일엔 뭔가 탐구하고 싶은 맘에 명리학을 배우고자 레슨을 받았습니다. 인간사가 8개의 글자에서 어느 정도 맞아 떨어진다는 것이 신비했고 놀라웠으며 명리학 멤버들과도 즐거운 모임을 하게 되었습니다. 많은 멤버 중엔 대기업 임원도 계셨는데 부하 직원을 채용할 때, 사람을 부릴 때 명리학이 많은 도움이 된다 하시며 동시에 은퇴 후 제 2의 창업으로도 배우시는 중이셨습니다. 제가 간혹 사주를 보러 가면 이런 말을 듣기도 했습니다.

"당신한테 조언 구하는 사람이 많을 거다. 그런 사주다. 이런 걸 배워둬도 좋다. 그리고 이 공부는 나를 알고 가족을 알 수 있다. 명은 바꿀 수 없으나 운은 바꿀 수 있다. 한번 공부를 해봐라."

세상에 쓸모없는 공부는 없다고 인생을 보는 눈도 좀 더 트인 것 같고 지금의 힘듦을 잘 넘길 수 있는 공부였다고 생각합니다. 집에 갇혀 수업만 하다 보니 답답해서 다시 이른 아침에 기업 강의도 나갔습니다. 새벽 5시 30분에 일어나 매일 나가다 보니 너무 힘들었지만 콧바람 쐬는 기분에 에너지가 넘쳐 흘렀습니다. 강의 때 매번 일찍 오시는 부장님이 계셔서 수업 전에 개인적인 이야길 잠시 하다가 부장님이 저에게 묻더군요.

"강사님은 취미가 뭐예요?"

"요즘에 명리학을 배워요."

"전 그런 거 한 번도 본 적이 없어요. 믿지도 않고……. 저희 어머니가 대신 보고 오셔서 말씀해주시긴 하지만 제가 나서서 보진 않아요."

"전 초보자라 취미로 배우는데 혹 궁금하시면 그냥 봐 드릴 테니 생년월일시 말해 주세요."

"에이……. 그런 거 안 믿는다니깐요."

그런데 문자가 왔습니다. 생년월일시와 함께요. 제가 아는 선에서 설명을 해드리니 반응은 그냥 그랬는데 다시 문자가 왔습니다. "와이프가 강사님 돗자리 까시래요"라고 하셔서 많이 웃었습니다. 그런데 다음 날엔 옆 여자 과장님이 생년월일시를 보내더군요. 졸지에 영어강사가 아닌 인생 카운슬러가 된 기분이었습니다. 두 분의 사주를 보며 아무래도 개인적 고민을 듣게 되었는데 잘 나가는 기업에 다니지만 모두 현재의 자리를 불안해 하셨고 사표 내고 싶은 마음이 매일 들어서 이직을 하거나 사업을 하면 어떻겠냐는 질문을 받았습니다. 게다가 여자 과장님은 새벽 4시 30분에 일어나 밥을 차리고 아이들을 시댁에 내려다 준 뒤 출근하는 일상을 10년 이상 하니 스트레스성으로 몸이 붓고 모든 게 짜증만 난다고 하시더군요. 그러고 보니 저에게 숙제를 내는 시간은 밤 10시 30분 정도 지하철역에서 보내는 일이 많았습니다. 저의 엉터리(?) 사주풀이에 너무 많은 도움이 되었다며 모두 선물을 보내주셨고 힐링이 되셨다며 좋아하셨습니다. 저는 역으로 힐링을 받았습니다.

'나만 힘든 게 아니구나. 다른 사람들은 나보다 더 힘든 것 같아.'

'투정 부리지 말자.'

또 강의를 나가다 보면 부인에게 직접적으로 말은 못 하지만 회사를 언제까지 다닐지 불안해서 부인이 일 좀 했으면 좋겠다는 말도 남자직원들은 많이 합니다. 그러면서 얼굴 한 번 본 적 없는 제 남편을 부러워하더군요.

'난 엄마 꿈이 뭐야?라는 소리도 안 들어봤고 남편에게서 "당신도 나가서 돈 벌어봐. 얼마나 힘든가" 하는 생색내는 말도 안 들어봤으니 내가 가진 게 많구나. '하고 싶어도 못 하는 사람이 있구나'란 생각이 들었습니다.

어쩌면 이 모든 걸 재확인하려고 방황을 하지 않았나 싶습니다. 한 가지 더 인내하며 지금껏 버틴 이유는《생존과 자존》저자인 전무님의 말씀이 있습니다. 전무님이 지하철역으로 가시다 마지막으로 남긴 한마디 때문입니다.

"내 책 제목이 왜 '생존과 자존'인 줄 아세요? 자존과 생존이라고 지었을 수도 있는데 말이죠."

"……."

"그건 생존이 자존보다 우선이기 때문이에요."

〈임보라의 ONE POINT 멘토링 레슨〉

14. 영어원서 커리큘럼 구성하는 방법

Q 결혼 전에 영어강사로 10년 일했어요. 출산하고 육아에 힘쓰면서도 감을 잃고 싶지 않아서 서점에 나가 신간 영어책들도 보고 세미나도 다니면서 영어 공부방 창업을 꿈꾸고 있습니다. 몇 년 뒤 아이가 좀 더 크면 그때 제대로 해보고 싶어서요.

요즘 대세는 영어원서를 가지고 수업하는 영어도서관이더라고요. 원서가 있는 서점에 가보면 책이 엄청 많은데 그 많은 책을 다 살 수도 없고요. 그중에서 뭘 사야 할지도 모르겠어요. 책은 어디서 구입해야 하나요? 그리고 추천해주실 원서들은 무엇이 있는지 알 수 있을까요?

A 육아를 하면서도 열심히 세미나도 참여하시고 공부방 창업을 위해 계속 준비를 꼼꼼히 하시는 것 같네요. 준비를 철저히 하는 만큼 하시면 굉장히 잘 운영하실 것 같은 느낌이 옵니다.

영어도서관식 수업에 관심이 많으시군요. EFL English as Foreign language 상황인 우리나라에서 그나마 영어실력을 높일 수 있는 길은 더욱 더 reading이 우선돼야 하고 효과적이라고 생각해요. 그래서 저도 주력 컨셉을 영어원서로 하는 수업으로 잡아 영어도서관을 운영하고 있어요. 서점에 가보면 책이 엄청 많죠. 또 인터넷 검색을 해봐도 사야 할 것들이 가득이고요. 하지만 권당 만원으로만 치더라도 300권이면 300만 원인데 사실

300권의 책을 책꽂이에 꽂아봐야 그럴 듯한 비주얼은 안 나와요.

최소 천 권은 있어야 그럴듯해 보이는데요. 그렇다고 천만 원을 투자하기가 주부로서는 버겁죠. 그래서 저는 〈전면책장〉 이용과 〈중고나라〉 등을 이용해서 책을 구입해서 세팅하라고 권해드리고 싶습니다.

간략히 추천해드릴 책은 《스칼라스틱 헬로 리더》, 《아이캔리드》, 《어스본 영리딩》, 《아서 스타터》 시리즈가 있어요. 그 외에 책들은 제 블로그에 조금씩 소개가 이뤄지고 있으니 참고해 주시면 됩니다.

열정은 다시 뜨거워지려고 식는다

슬럼프도 발전하기 위한 한 과정이다

슬럼프가 와서 안타깝게도 하던 일을 접고 다른 일을 하거나 잠시 휴식을 취하는 원장님들을 봅니다. 자신이 좋아하던 티칭이 직업이 되면 힘들어지는 날이 오죠. 그리고 동료라도 있으면 수다라도 한껏 떨며 스트레스를 날리겠지만 막힌 공간에서 홀로 모든 걸 처리해야 하니 매너리즘에 빠지거나 자칫하면 경쟁 교육기관에 밀리게도 됩니다. 그렇게 간절히 바라던 아이들로 북적이는 공부방이었지만 피로가 쌓이고 힘들어지자 너무 하기가 싫고 열정이 사그러드는 기분이 들어 문득문득 죄책감에 시달리기도 합니다.

'계속 해야 할까?'

'열정이 사그러드는 것 같은데 이래도 되나?'

그런데 누군가 이 말을 하더군요.

"사랑하는 사람 보고 매일 가슴이 뛰면 그건 사랑이 아니라 심장병이지. 부부 사이에도 권태기가 오는데 일이라고 어떻게 매번 신나기만 하겠어. 당연한 감정이니 그 감정을 그대로 받아들이고 넘어가면 될 것 같아."

'그렇지. 사랑하는 사람과도 권태기가 오는데 이것도 극히 자연스러운 현상이야. 당신 '없이' 못 살아에서 당신 '때문에' 내가 못 살아!가 되기도 하니까.' 권태기가 온다고 이혼하고 재혼하고 또 이혼하고 할 건 아니지 않은가. 슬기롭게 넘겨야 한다. 어떻게 보면 이 싸움의 상대는 나 자신이다. 이렇게 달리 생각해보니 마음이 한결 편해졌습니다.

아래는 슬럼프 극복법에 대해 적어봤습니다.

나만의 슬럼프 극복법

첫째, 수업료의 일정 부분은 온전히 나를 위해 쓴다

매일 분위기 있는 카페에 가서 책을 보며 힐링하기, 사고 싶은 물건 사기, 맛사지 받기, 요리학원 등록하기 등등 그 어떤 것이라도 자신이 좋아하고 하고 싶은 것에 소비를 하면 기분이 풀립니다. 저는 책을 사 모으는 게 취미라 읽고 싶은 책을 많이 사고 또 쓰고 싶은 때가 있으면 수입의 일정 부분을 사용합니다. 남편에게 의지하지 않고 제가 번 돈으로 당당히 쓰는 것도 멋진 일입니다. 주부들 중엔 남편에게 일일이 보고하고 돈을 쓰는 게 치사하다고 우울해하는 사람들도 많으니까요.

둘째, 가족을 위해 한 턱 쓰기

아이들이 크면 교육비가 많이 들어가기 시작할 때 도움이 될 수 있어서 기쁩니다. 가끔 "오늘은 엄마가 쏜다" 하며 외식도 하면 자긍심도 느껴지고 아이들도 엄마를 대단하게 생각합니다. 아이들이 어느 정도 자라면 옆에 있어주는 엄마보다 나가서 멋지게 일하고 돈도 버는 엄마를 대단하게 생각합니다. 저는 남편에게 어쩔 땐 "사고 싶은 거 있으면 사" 하며 서프라이즈 선물을 하기도 합니다. 받는 기쁨도 있지만 누군가에게 서프라이즈 선물을 할 때의 기쁨은 또 다릅니다.

셋째, 학생들을 위한 파티

학생들을 위해 어느 날은 피자/치킨 파티를 합니다. 많은 원장님들이 하실 거라 생각해서 대단한 것은 아니지만 혹시라도 안 하시는 분들은 한 번 해보시기 바랍니다. 아이들도 공부 스트레스를 많이 받기 때문에 가끔 이렇게 먹자 파티를 해주면 매우 좋아합니다. 또 아이들이 좋아하는 걸 구비했다가 열심히 하는 아이들의 생일에 그 선물을 주는 방법도 서로를 기분 좋게 하는 방법 중 하나입니다.

넷째, 독서하기

한 사람의 인생철학을 만 원 언저리의 돈으로 배울 수 있는 건 책입니다. 한 사람이 죽는다는 건 마을의 작은 도서관이 사라지는 것이라고도 합니다. 적은 돈으로 많은 깨달음을 얻을 수 있으니 가성비 갑입니다. 답답한 문제에 봉착할 때 책의 한 구절이 사람을 살리기도 합니다. 또 책을 읽으며 수업에 적용할 수 있는 아이디어도 얻게 됩니다.

아이들을 가르친다고 교육서만 읽을 것이 아니라 다양한 분야의 책을 읽다 보면 의외로 반짝하는 아이디어들을 얻게 됩니다. 제 개인적으로 수업/운영/힐링이 되었던 책들을 일부 소개합니다.

《좋아하는 일로 먹고사는 법》한명석·김종호·변영희 외 5명 지음, 사우 출간

《관계우선의 법칙》빌 비숍 지음, 경영정신 출간

《하워드의 선물》에릭 시노웨이·메릴 미도우 지음, 위즈덤하우스 출간

《어린이와 그림책》마쓰이 다다시 지음, 샘터 출간

《품격있는 아이로 키워라》엘리자베스 버거 지음, 쌤앤파커스 출간

《가족이 힘을 합하면 무엇이든 이룰 수 있다》김미경 지음, 명진출판사 출간

《초등학생 심리백과》신의진 지음, 갤리온 출간

《엘리트보다는 사람이 되어라》전혜성 지음, 중앙북스 출간

《인재시교》인젠리 지음, 팝콘북스 출간

《우리 아이 12년 공부계획》유영호 지음, 서해문집 출간

《가르칠 수 있는 용기》파커 J. 파머 지음, 한문화 출간

《최고의 습관》임수열 지음, 토네이도 출간

《버니스 박사의 독서 지도법》버니스 E. 컬리넌 지음, 열림원 출간

《가슴이 뛰는 한 나이는 없다》김욱 지음, 리수 출간

《생존과 자존》곽정식 지음, 작가 출간

《누구에게나 최고의 하루가 있다》조 지라드 지음, 다산북스 출간

《나는 고작 한 번 해봤을 뿐이다》김민태 지음, 위즈덤하우스 출간

《학급경영 멘토링》김성효 지음, 행복한미래 출간

《마케팅 천재가 된 맥스》제프 콕스·하워드 스티븐스 지음, 위즈덤하우스 출간

《대한민국에서 일하는 엄마로 산다는 것》신의진 지음, 걷는나무 출간

《완벽한 공부법》고영성·신영준 지음, 로크미디어 출간

《교육론》존 로크 지음, 비봉출판사 출간

《에밀》장 자크 루소 지음, 돋을새김 출간

《당근농장이야기》노상충 지음, 끌리는책 출간

《생각의 비밀》김승호 지음, 황금사자 출간

〈임보라의 ONE POINT 멘토링 레슨〉

15. 그만둔다는 학생에 대한 대처방법

Q 제 첫 회원인 학생이 공부방을 그만둔다고 합니다. 3년간 열심히 가르쳤는데 그만둔다고 하니 힘이 쭉 빠지네요. 이유는 정확히 잘 모르겠습니다. 학부모는 분위기를 바꿔 보고 싶다고 하는데 혹시 저한테 불만이 있는지, 제 교수법이 잘못된 건 아닌지 별별 생각이 다 듭니다. 이렇게 아이가 관두면 저는 사실 잠도 잘 못 자는 편입니다.
앞으로 이런 일이 또 일어날 텐데 어떻게 마음가짐을 가져야 할까요?

A 선생님 기분 뭔지 너무나 잘 알 것 같아요. 별별 생각이 다 들면서 의기소침도 해지고 한숨도 나고…….
저 또한 겪었던 일입니다. 보통 학부모님들은 또 다음 교육비 내기 전날 말해주시니 황당하기도 하고요. 선생님뿐만이 아니라 모든 사교육에 몸담은 선생님들이 겪는 일이니 그리 낙담하지 마세요. 저도 아이들을 키우면서 예체능 학원을 보내고 있지만 부득이하게 그만둘 때가 있기도 한데 관두면서 말하는 엄마 마음도 불편하더라고요.
'어떻게 잘 이야기해야 하지?' 그런 고민을 하고 또 하다가 말씀드리게 되면서 너무 죄송하더라고요. 그리고 선생님이 맘에 안 들어서가 아니라 3년이나 다녔으면 오래 다닌 것이니 새로운 곳에서 분위기를 전환해보고 싶어 할 수도 있어요.

어떻게 들리실지 모르지만 저 같은 경우 저와 너무 오래 공부한 아이는 오히려 제가 분위기 전환을 위해 다른 곳으로 이동하면 어떨지 추천 드리기도 하고요. 또 들고 빠지는 건 교육업 뿐만 아니라 모든 세상이치가 그런 거 같아요. 그래서 사실 마음이 아주 좋지는 않아도 쿨~하게 받아들이는 편이에요. 마무리도 잘하고 정든 친구들 같은 경우 이별파티도 해 줍니다. 다만, 동시에 많은 아이들이 연달아 퇴원을 한다면 그런 부분은 솔직하게 여쭙고 무엇이 잘못되었는지 깊이 생각해 볼 필요는 있는 것 같아요. 파이팅하시기 바랍니다.

타월을 던지지 마라

포기는 김치 담글 때만 쓰자

우리 주변엔 의외로 '포기'를 쉽게 하는 사람들이 많습니다. 던질 '포', 그만둘 '기'.

영어에도 같은 맥락의 표현이 있죠. Throw in the towel. 복싱매치에서 선수가 포기할 때 타월을 던지며포 기권기을 하는 것을 말합니다.

사람들은 자격증을 딴다며 공부하는 둥 마는 둥 하다가 포기하고 영어공부를 하다 실력이 빨리 늘지 않는다며 포기합니다. 그러니 시중에는 3개월 만에 영어를 마스터해준다는 둥 꼴찌가 1년 만에 영어를 잘하게 되었다는 등의 책이 베스트셀러에 등극하고 '호구'들은 그런 책만 찾아 읽으며 저자의 배만 불려주고 있습니다.

특정 분야에 적을 두고 있다 보면 결코 '쉽다', '마스터했다'라는 말이 쉽사리 나올 수가 없습니다. 배워도 배워도 끝이 없기 때문이죠. 영어에 대해서 말하자면 외대 통역대학원 최정화 교수님은 매일 영어 방송을 듣고 지금도 공부를 게을리 하지 않는다고 하십니다. 그런데 마스터라니……. 3개월 만에? 어림도 없는 소리입니다.

창업 초반에는 저도 다 때려치우고 싶을 때가 있었습니다. 하지만 저에겐 '오기'라는 것이 '포기'보다 더 컸습니다. 학원을 하다 잘 안 되서 폐업을 한 지인이 나에게 어느 날 이렇게 말더군요.

"임 쌤은 너무 맨땅에 헤딩을 해서 지금 자리 잡았다 해도 시간낭비를 너무 했어. 완전 '오기'로 이룬 거잖아."

나는 이렇게 말해주고 싶었습니다.

'오기든 육기든 나는 지금 너와 결과가 달라. 오기는 포기를 하지 않는 원동력이었고 너는 그것을 '시간낭비'라고 부르지만 나는 '시간투자'라고 생각해. 결과적으로 시간낭비는 지금 폐업하고 생돈 얻어 인수받아 다시 시작하는 너고, 나는 시간을 내 편으로 만들어서 수익을 거뒀어.'

하지만 저는 그 말을 하지 않았습니다. 굳이 폐업해서 멀리 가는 사람의 맘에 비수를 꽂고 싶지 않아서였죠.

우리 원의 규칙 중 하나는 "못하겠어요", "포기할래요"라는 말을 절대 하지 않는 것입니다.

아이들은 툭 하면 "아~ 안 할래요. 못 해요. 난 포기!" 이런 말을 입버릇처럼 하는 경향이 있습니다. 제가 참 싫어하는 말입니다. 대신 "잘 못하지만 해볼게요"라는 말을 쓰게 합니다. 아이들은 그래서 "저, 못 하……"라고 말하려다가 제 눈치를 쓱 보고 "앗! 할게요. 해본다고요"라고 합니다.

그때 저는 웃으며 말합니다.

"포기는 김치 담글 때나 쓰는 거야."

꿈이 있다면 밀어붙여라

해리포터의 작가 조앤 롤링의 성공담은 이제 많은 사람들이 알고 있습니다. 이혼하고 아이 셋을 키우며 낮에는 기간제 교사, 밤에는 소설을 써서 수많은 출판사에 투고했지만 거절만 당합니다. 그래도 포기하지 않고 도전에 도전을 거듭하여 소규모 출판사인 '블룸즈베리'에서 출판을 하게 됩니다. 처음엔 500부로 초라하게 출발을 했습니다. 하지만 그녀는 지금 세계적인 작가가 되었습니다.

우리는 해리포터 책에 친숙하지만 해리포터를 능가하는 수익을 올린 책은 《윔피키드》입니다. 이 책은 2012년 영국의 '블루피터 북 어워드' 최고의 어린이 책 부문에서 해리포터 시리즈를 누르고 한 해에 224억 원을 벌어들여 조앤롤링의 수입인 218억을 제쳤습니다.

윔피키드의 작가 제프키니도 조앤 롤링 못지 않은 비하인드 스토리의 주인공입니다. 제프키니는 대학 졸업 후 자신의 만화를 숱한 신문사에 투고했지만 고배만 마셨다. 그래서 그는 온라인에 연재를 하기 시작했는데 그것이 전환점이 되어 사람들의 입소문을 타고 대성공을 거두게 됩니다.

그렇게 8년 만에 출간된 이 책은 단숨에 뉴욕타임스 베스트셀러 1위에 오르며 전 세계적으로 유명해졌으며 오바마 대통령의 초대로 그의 가족은 백악관에 가는 영광도 맛보았습니다. 말이 8년이지 보통 사람 같으면 포기하고도 여러 번 포기했을 세월이지 않을까요.

제프키니의 만화가 거절당한 이유는 아이들 수준의 그림실력 때문이었습니다. (사실 제프키니보다 잘 그리는 아이들도 더 많지만.)

그런데 제프키니는 그 문제를 달리 바라보았습니다.

FRAME— 성공을 보는 관점

그는 "내 그림 솜씨가 어린 아이 같다면 어린 아이 같은 마음으로 만화를 그리면 성공할 수 있겠다"라고 생각했습니다.

만약 그가 자신의 그림 실력을 높이기 위해 그림을 배우기 시작했다면 어땠을까요? 그는 자신의 그림스타일을 '유니크함'으로 바라봐서 성공한 것은 아닐까요?

사람은 자신이 보고 싶은 것만 봅니다. 갓난아이를 키우는 부모 눈에는 가구는 더 이상 가구가 아니라 흉기로 보입니다. 그래서 모서리안전가드를 사서 여기저기 가구 모서리에 붙입니다. 가구는 그대로인데 부모 입장의 프레임으로 세상을 바라보게 되는 것이죠.

제 일의 경우도 마찬가지입니다. 학원도 많고 공부방도 참 많습니다. 후발주자들은 고민하다가 '가격'에 프레임을 고정시키고 맙니다.

어떤 책에서는 후발주자라면 가격을 조금 낮춰 진입하라고 조언합니다.

저는 그렇게 생각하지 않습니다. 주변에 상상초월, 업계 반칙이 아닐까 싶을 정도로 교육비를 낮춰 오픈한 곳을 압니다. 처음에는 싼 맛에 갔던 사람들이 결과가 형편없자 그만두었고 가격이 좀 있어도 아이들 성과가 좋다면 기꺼이 보내는 것을 보았습니다. 꼭 싸서 나쁘고 비싸서 좋은 건 아니지만 내 값어치는 나에게 달려있습니다.

시장마다 지역마다 가격의 '저항선'을 해치지 않는 선에서 적절히 조율해야 할 것입니다.

자격증만 따러 다니는 공부중독에서 벗어나야 한다

우리 사회는 공부를 무척 권합니다. 공부법 책들도 어느 정도 선방하며 팔리고 있고 주변에 숱하게 많은 사람들이 '공부 중'이십니다. 주변 엄마들을 보면 부동산, 바리스타, 독서 지도자, 한국사 지도자 등 많은 공부를 하고 있습니다. 배운 것을 써먹으면 좋은데 문제는 '공부'만 한다는 것입니다. 그래서 어떤 남편은 "네 꿈이 자격증 딴다고 내가 벌어다 준 돈 다 갖다 바치는 거냐?"라고도 한다죠.

'쯩'을 따러 또는 '공부'를 계속하는 사람들에게 이제 그 정도면 됐으니 뭔가 해보는 게 어떻겠느냐고 물으면 "아직 준비가 덜 된 것 같다"라거나 "내 학벌로 뭔가 하는 게 그래서 좀 더 배워야 한다"고 합니다.

옆에서 보면 문제는 그런 것보다 스스로 위축된 자신감 결여와 대인관계를 나이스하게 다루지 못하는 경우인데도 계속 배우고만 다닙니다.

이것 또한 자신의 문제를 학벌의 프레임에 맞춰서 그런 것은 아닌가 싶습니다. 어느 정도 실탄이 장전되면 '실행 프레임'에 맞춰 빗나가도 좋으니 한 번 쏴보기라도 합시다.

《김밥 파는 CEO》의 저자, 김승호 씨는 이렇게 말합니다.

"배움은 결과를 가져와야 한다. 결과 없이 평생 이어지는 강좌나 찾아다니고 자격증이나 수집하는 것, 즉 배움이 삶에서의 목표가 된 사람은 스스로 혼자 무엇인가를 이루거나 남을 이끌 수 없다. 배움은 스스로 독립적으로 생각하고 결과를 만들기 위함이어야 가치를 발휘한다."

나의 스트레스 지수 알아보기

분류	번호	항목	그렇다	아니다
신체적 징조	1	숨이 막힌다.		
	2	목이나 입이 마른다.		
	3	불면증이 있다.		
	4	편두통이 있다.		
	5	눈이 쉽게 피로해진다.		
	6	목이나 어깨가 자주 결린다.		
	7	가슴이 답답해 토할 기분이다.		
	8	식욕이 떨어진다.		
	9	변비나 설사가 있다.		
	10	신체가 나른하고 쉽게 피로를 느낀다.		
행동상의 징조	1	반론이나 불평, 말대답이 많아진다		
	2	일의 실수가 증가한다.		
	3	주량이 증가한다.		
	4	필요 이상으로 일에 몰입한다.		
	5	말수가 적어지고 생각에 깊이 잠긴다.		
	6	말수가 많고, 말도 되지 않는 주장을 펼칠 때가 있다.		
	7	가슴이 답답해 토할 것 같은 기분이다.		
	8	사소한 일에도 화를 잘낸다.		
	9	화장이나 복장에 관심이 없어진다.		
	10	사무실에서 개인적인 전화를 하거나 화장실 가는 횟수가 증가한다.		
	11	결근, 지각, 조퇴가 증가한다.		
심리 • 감정상의 징조	1	언제나 초조해하는 편이다.		
	2	쉽게 흥분하거나 화를 잘 낸다.		
	3	집중력이 저하되고 인내력이 없어진다.		
	4	건망증이 심하다.		
	5	우울하고 쉽게 침울해진다.		
	6	뭔가를 하는 것이 귀찮다.		
	7	매사에 의심이 많고 망설이는 편이다.		
	8	하는 일에 자신이 없고 쉽게 포기하곤 한다.		
	9	무언가 하지 않으면 진정할 수가 없다.		
	10	성급한 판단을 내리는 경우가 많다.		

* 각각의 항목에서 해당되는 경우가 **4개 이상, 총 12개 이상**이면 스트레스 수준이 비교적 심각함을 의미합니다.

제 5 장

엄마의 공부방 시크릿 노하우

붙잡지 않아야 붙잡힌다

소문내지 않고 소문내는 방법을 터득하라

공부방은 상가 학원처럼 간판을 하지 않고 운영되기에 노출 효과를 노리는 것은 구조적으로 힘이 듭니다. 게다가 학부모님들도 자신의 아이들에게 소홀해질까 봐 인원이 느는 걸 꺼려 하는 경우가 많기 때문에 조용히 알음알음으로 공부방에 보내는 경우가 많아서 입소문도 잘 안 내주시려 합니다. 그러니 학생 한 명 모으기가 쉽지도 않고요. 요즘은 상가에 학원 내던 원장님들도 불경기와 학령 인구 감소로 인해 비용을 절감하고자 장소를 아파트로 이동하는 추세입니다. 학원에서 강의를 할 때는 수업만 열심히 하면 날짜가 되어 월급이 나오기 때문에 학생 모집의 부담이 없었지만(비율제를 제외하고는요.) 직접 원장의 포지션에 서서 운영이라는 것을 하게 되면 절박

감과 압박감이 상당히 큽니다.

아이들을 가려 받는 저도 상담을 해서 '가르치고 싶다', '등록할 것 같은 feel이 온다' 하는 학생에 대해서는 조바심이 나기도 합니다. 그래서 상담 후 연락이 없으면 '왜 연락이 없지? 분명 화기애애하게 잘 상담했고 등록할 것 같았는데…….' 하며 전화기를 쳐다보다 먼저 연락을 한 적도 있습니다. 그런데 대부분 이럴 경우 등록으로 이어진 경우는 드물었습니다. 오히려 그 전화나 문자가 상대에게 부담으로 다가가 더 멀어지게 하는 것 같습니다. 그 이후부터는 전화나 문자를 하지 않게 되더군요. 이렇게 비교를 하면 어떨까 합니다.

소개팅에서 남자를 소개 받았는데 그 남자랑 밥도 먹고 커피도 마시고 화기애애했다. 분명 그도 나를 맘에 들어 하는 것 같았는데 연락이 없다. 그래서 참다가 먼저 연락을 해본다. 상대남은 부담스러워 한다. THE END!

관심 있고 아쉬운 사람이 우물을 파기 마련입니다. 수업도 등록하고 싶은 사람은 알아서 연락이 올 것입니다. 공부방을 운영하며 의료미용기기회사 사장님에게 영어를 지도할 때였습니다. 그 사장님께서는 대출을 많이 받아 창업을 하셨기 때문에 심적 압박이 대단했다고 하더군요. 온 가족이 나와서 사무실 박스를 나르고 직원들 퇴근해도 일하시고 연구하시느라 목이 안 돌아간 적도 있었답니다. 첨에는 혼자 영업, 마케팅, 개발 등 여러 일을 하면서 고객을 상대하였는데 대출금 때문에 마음이 급해지자 공격적인 영업을 하셨답니다. 그런데 고객을 쫓아가면 쫓아갈수록 고객은 더 멀리 멀리 달아나더랍니다. 그래서 전략을 바꿔 제품설명을 간단히 하고 절대 연락을 먼저 취하지 않았다더군요. 그랬더니 오히려 연락이 먼저 와서 계약으로 이어지더랍니다. 그렇게 겨우 대출금 상환을 다 하게 되었고 조금 더 여유 있는 마음으로 운영에 집중하시며 영어도 배우게 된 상황이었습니다.

그분이 말씀하시길 "붙잡지 말아야 붙잡힙니다", "살 사람은 알아서 사더라" 하셨습니다. 사장님은 저에게도 제 결심과 각오가 맞는 것이라며 지지해 주셨습니다.

상담은 상담대로, 등록은 기다리면 온다

운영을 하며 학부모님 한 명 한 명 누가 등록을 했고 누가 안 했는지 가끔 분석을 해보는데요.

등록을 하실 분들은 깔끔하게 상담을 했고 안 하시는 분들은 진을 빼고 가셨습니다. 물론 다른 이야기를 많이 하다가 등록하시는 분도 계셨지만 확률상 저조했습니다. 어떤 학부모는 3번이나 상담을 왔습니다. 결국 등록으로 이어지진 않았고 힘만 들었습니다. 두세 건의 평정심 잃고 조바심 낸 실수를 통해 저는 상담이 오면 평정심을 잃지 않고 조바심도 내지 않습니다.

케세라세라.

될 대로 되라.

그래서 그런지 1년 전에 전화로 상담을 하시던 분이 1년 뒤 직접 방문을 하셔서 이렇게 말씀하십니다.

"아이들이 많은가 봐요. 왠지 다녀도 그만 안 다녀도 그만이라고 느껴졌어요."

"하하~ 아니에요. 오해하셨다면 죄송해요. 그런데 그렇게 생각하셨다면 기분 상하셨을 텐데, 다른 곳으로 가면 그만인데 어떻게 연락을 다시 주셨어요?"

"그러게……. 직접 뵙고 싶어서 이렇게 찾아 왔어요. 직접 뵙고 이야기하니 제 오해였네요."

붙잡으려면 붙잡지 마라.

쫓아가면 더 멀리 달아난다는 생각을 들게 한 경험이었습니다.

끊임없이 연구하라

공부방에서 활용하기 좋은 교재 찾는 법

Timing,

perseverance,

and ten years of trying will eventually make

you look like an overnight success.

타이밍,

인내,

10년간의 시도가 결국 당신을

하룻밤 사이에 성공을 한 사람처럼 보이게끔 만들어 줄 것이다.
— Biz Stone(트위터 공동창업자)

공부방이나 학원을 오픈하시는 분들은 인터넷 카페에 가서 "초등 회화교재 뭐가 좋아요?" 또는 "중등 문법교재 뭐 쓰시고 계세요?", "고등 교재 추천 좀 해주세요"라고 많이 묻습니다. 참고하는 것도 좋고 하지만 제가 가끔 카페에 가 보면 '이건 써보니 영 아니던데……. 딱 봐도 출판사 직원들이 카페에 와서 자기들끼리 추천하는 직원들 알바댓글이네'라는 감이 오는데 그걸 모르고 그 책을 쓰시는 분들도 많이 봅니다. 그래서 저 같은 경우는 인터넷에 질문하거나 참조는 잘 안 하는 편입니다.

제가 처음에 창업하려고 신발 한 켤레 닳도록 발품 팔았듯이 저는 곧장 서점으로 갑니다. 출판사들도 서로 경쟁하느라 정말 좋은 책들이 쏟아져 나옵니다. 교재를 찾아보는 방법은 이렇습니다.

1. 서점

원장님과 교육철학이 맞는 책은 따로 있을 것이고 잘 나가는 책이라 해서 봤는데 영 아닌 책들도 있을 것입니다. 서점에 직접 가서 신간이나 맘에 드는 책을 주르륵 펼쳐놓고 비교해보면 도움이 됩니다.

2. 온라인서점

저는 영어책 이외의 독서를 꽤 많이 합니다. 저보다 더 책을 많이 읽는 사람도 있겠지만 매년 100권 이상의 책을 읽는 저도 책벌레 축에 속한다고 생각합니다. 책을 많이 읽다보면 '목차'만 봐도 어떤 책이겠거니 감이 옵니다. 바쁘신 분들은 서점에 못 가신다면 온라인서점에 들어가 목차만 봐도 도움이 될 것입니다.

3. 출판사 홈페이지

온라인서점이나 출판사 홈페이지에서 제공하는 미리보기 버튼을 클릭하면 목차와 내용을 볼 수 있습니다. 출판사 홈페이지가 내용 공개를 더 많이 하는 편이고 어떤 곳은 다운로드 받게도 할 수 있게 되어 있습니다. 그리고 워크북 등은 다운받게 되는 곳이 많아서 워크북만 보셔도 책 내용이 어떻겠다는 것이 파악될 것입니다.

4. 출판사에 샘플서적 요청

학원 원장님에게 샘플을 적극적으로 주시지만 요새는 알짜 공부방이 많아서 공부방 원장님들의 의견을 무시하지 못하십니다. 저도 요청을 하자 영업사원이 찾아오셔서 설명도 듣고 많은 책도 받았습니다. 출판사에서 직접 책을 구매하게 되면 할인과 함께 교사용 책은 무료로 제공도 하니 이 방법도 추천드립니다.

그런데 같은 책이라도 가르치는 사람마다 다릅니다. 미국에서 초중고대학을 나오고 직장 경험이 있는 분이 학원을 오픈하셔서 가르치는 걸 직접 본

적이 있습니다. 초등 교재 중에 신용카드 그림이 하나 나왔는데 아이들에게 대뜸 "이것에 대해 정의해 봐라"라고 말하는 것이었습니다. 아이들이 영어로 "신용카드요"라고 말하자 몇 개의 질문을 던지더니 진행이 되지 않았습니다. 그리고 그분이 저에게 책을 넘겨주며 지도 한번 하시라고 하더군요.

저는 아이들과 편하게 얘기를 주고받았습니다.

"이 신용카드 너네 부모님 가지고 계셔?"

"네."

"몇 개 있어?"

"2개요.", "우리 엄만 5개요.", "우리 아빠 엄청 많아요."

"음……. 어디서 사용하니?"

"마트에서요.", "인터넷으로 쇼핑할 때 엄마가 쓰던데요.", "식당에서요."

"그래? 너희들은 하루동안 이걸 사용할 수 있다면 뭐하고 싶어?"

여기저기서 서로 답변하려고 난리였습니다.

"전 장난감 엄청 많이 살 거예요", "아이돌 가수 콘서트 갈 거예요", "RC카 살 거예요", "그거 들고 집 나갈래요."

"하하하."

이렇게 자꾸 질문을 던져 보니 신용카드 그림 하나로 30분 이상이 흘렀습니다.

아이들이 좋아하는 상황으로 영어공부를 하라

고등학생과 영어토론을 할 때는 기존의 토론교재를 사용하기도 했지만 기분전환하기 위해 학생이 좋아하는 축구에 대한 이야기도 들려줍니다. 그러다가 "나는 축구를 잘 모르니 네가 나에게 룰을 설명하고 네가 좋아하는 메시에 대해 말해봐. 왜 호나우두보다 메시가 선수로서 더 훌륭한지 비교점도 찾아와서 다음 시간에 설명해줄래?"

학생은 정말 신나서 준비해 왔습니다. 영어를 꽤 하는 학생이었는데 과묵한 아이여서 수업하기가 쉽지 않았지만 좋아하는 주제를 던져주니 문법이 틀려도 신나서 축구선수 메시가 왜 좋은지, 인성 부분에서는 호나우두보다 왜 나은 건지……. 메시의 팬 서비스 등 끊임없이 이야기했습니다.

또 아이들에게 교과서만 하지 않고 입고 있는 거위파카나 물건을 상대방에게 설득하며 팔아보라고 시키기도 했습니다. 그것이 나중에 실제 사회에 나가 상대방을 설득하며 할 일이 될 테니까요. 보통 회화책으로 따라 읽고 CD 듣고 빈 칸 채우고 문장 외워보고 단어 암기하고……. 너무 흔하지 않나요? 전 책에 나온 한 면으로 한 시간 수업도 할 수 있습니다.

한 번은 부부가 학원을 하는데 부인이 교포였고 대형학원에서 시스템대로 일했다고 했습니다. 그런데 막상 운영을 하려다 보니 막막하다며 책을 추천해 달라기에 서점에 한번 나가보라 했더니, 그럴 시간이 아까우니 지금 제가 쓰는 걸 추천해 달라더군요. 그래서 제목을 말해줬더니 전화가 왔습니다. 사긴 샀는데 어떻게 수업을 할지 막막하다면서요.

교재 연구를 좀 하라고 했더니 또 그럴 시간이 없고 문의는 오는데 급하다고 하더군요. 그럼 제가 하나하나 미음 먹여주듯 해야 하는지……. 누구는 태어나면서부터 가르치는 걸 잘했는지 답답하더군요. 저는 지금도 계속 연구 중이고 여러 책을 보다 아이디어가 떠오르면 메모를 하고 꼭 시도를 해봅니다.

나이키의 첫 번째 운동화는 와플 굽는 기계에서 나온 아이디어입니다. 창업자인 보워맨이 아내가 와플을 만드는 모습을 보며 '운동화 바닥이 와플 표면처럼 홈이 있으면 운동선수들이 달리기 할 때 도움이 되겠다'라는 생각을 해서입니다. 같은 요리 재료를 가지고도 양념에 따라 맛이 달라집니다. 같은 교재라도 어떻게 양념을 칠 것인지 요리연구가처럼 교재 연구가가 되어야 합니다.

또한 세미나 참여를 게을리 하지 말아야 합니다. 저는 틈만 나면 세미나에 가서 새로운 교수법이나 책, 영어트렌드에 대해 배워옵니다. 가끔 너무 추운 날, 더운 날, 피곤한 날 가기 싫을 때도 있지만 신발 신고 나가서 듣고 오면 '오늘 안 왔으면 이거 못 배워서 어쩔 뻔했지. 나오길 잘했어' 하며 신이 납니다. 그리고 세미나에 가면 최신 책도 무료로 받아오고 경품도 타옵니다. 정보도 얻고 선물도 받고 일석이조입니다. 세미나는 출판사 홈페이지에 들어가 보면 나와 있으니 편리한 시대 '발품' 안 팔아도 되고 '손품'만 팔아 많은 노하우를 챙겨보면 어떨까 합니다.

〈임보라의 ONE POINT 멘토링 레슨〉

16. 프랜차이즈 vs. 개인브랜드? 뭘 해야 하나요?

Q 회사를 다니다 결혼 후 육아 중입니다. 아이가 어린이집에 다니기 시작해서 뭔가를 해보고 싶은 욕망이 스멀스멀 올라오네요. 그런데 경력단절이 되다 보니 자신감도 없고……. 아이들을 가르쳐 본 경력이 매우 짧아서 프랜차이즈를 가맹해서 운영할까 생각중입니다.
프랜차이즈, 괜찮을까요? 아님 죽이 되든 밥이 되든 개인으로 할까요?

A 공백 기간으로 자신감이 없으시다면 프랜차이즈를 하는 것도 나쁘지 않습니다. 사실 경력이 있는 선생님들도 막상 1인 사업자로 운영을 하려다 보면 겁이 나기는 마찬가지인 것 같아요.
다시 프랜차이즈 이야기를 해보면 프랜차이즈는 회사마다 가맹비 및 로열티 등의 조건이 다르니 많은 프랜차이즈 업체를 방문해 상담을 받고 비교해서 잘 결정하도록 하세요.
노파심에 말씀드리면 프랜차이즈는 만능해결사 역할은 해주지 못한다는 점입니다. 모든 걸 해결해주지 않아요. 주변의 많은 원장님들의 지사에서 가맹비, 초도 물품비만을 받고 나몰라라 식으로 일관하는 태도에 계약기간이 끝나고 개인으로 다시 하시는 경우도 있어요.
계약기간도 잘 체크해 보셔야 하는 부분이며 지역권 설정을 안 해서 옆

단지에 똑같은 지점을 열어주어 특색 없는 공부방이 되기도 하니 많은 부분으로 고민해보시기 바랍니다.

프랜차이즈를 가맹해도 학생 모집은 선생님 몫입니다. 아이들을 모으는 방법은 순전히 선생님의 실력을 바탕으로 한 '입소문'이라는 게 포인트입니다.

차별화된 커리큘럼

내 공부방에 최적화된 워크시트 만들기

일이 잘 안 풀릴 때를 즐겨라

일이 잘 안 풀릴 때를 즐겨라.
처음엔 당황스럽지만,
훗날 큰 성공으로 이어지는 기발한 아이디어는
그런 스트레스를 받는 상황에서 나온다.
— 캐슬린 핀치

영어 공부방을 창업하기 위해 이런저런 교육을 듣고도 많은 프랜차이즈 기관을 조사하다 수많은 연구진들이 투입해 만든 프랜차이즈의 정돈된 프로그램과 교재가 맘에 땡겼습니다. 프랜차이즈를 하시는 분들은 내가 매일 빵을 만들려면 레시피 개발부터 해야 하고 직접 빵을 굽기도 번거로우니 파리바게트에 가맹하는 게 낫겠다 해서 창업하시는 분들이 많으십니다. 본사의 노하우를 비용을 지불하면 바로 제공을 받을 수 있는 것이 장점이지요.

그러나 장점의 이면엔 단점도 항상 도사립니다. 가맹비와 교육비, 초도물품비는 당연히 프로그램이나 교재를 받는 댓가라 그렇다쳐도 과도한 수수료와 내 아이디어대로 커리큘럼을 짤 수 없다는 것입니다. 게다가 본사의 간섭과 영업구역권 없이 바로 옆에 가맹점을 또 열어줘 버리면 원장님의 공부방은 특색 있는 공부방이 아닌 그냥 가까운 프랜차이즈 ㅇㅇ공부방 중 하나일 뿐입니다. 개인으로 하면 커리큘럼을 내 마음대로 하고 디자인 할 수 있지만 뭐 그 자체가 문제이지요. 무슨 교재로 어떻게 레벨을 나눠서 세팅할지도 고민이고 홍보 방법도 모르겠지…… 브랜드 인지도라는 게 없으니 자리 잡는 데도 오래 걸릴 것 같지……. 고민이 많으시지요.

저는 영어원서를 메인으로 오픈했으니 시중에 나온 워크시트가 그리 많지 않았고 대부분 프랜차이즈 업체에서 제공하는 프로그램에 의지해야만 하는 상황이었습니다. 그러나 가맹 비용에 온라인 프로그램 사용료와 년간 갱신비에 대한 부담이 너무 컸습니다. 소프트웨어만 제공하는 업체와 덜컥 계약을 하기에도 그 초도비용과 매달 내야 하는 라이선스 비용이 부담이었습니다. 잘 되리라는 보장이 있으면 천만 원이 넘는 비용을 냈겠지만 작게 오픈한 공부방에서 자꾸 비용을 들이고 싶진 않았습니다.

그래서 저는 직접 빵을 만들기로 했습니다. 운영하다 보니 지역마다 다르겠지만 많이 그리고 계속 쓰이는 원서는 한정되어 있는 것 같았습니다. 그래서 새벽까지 레시피 연구 및 빵 반죽을 하는 기간을 거쳤습니다. 이걸 언제 만드나 싶었는데 어느 날 보니 원서 400권 정도 분량의 워크시트가 만들어져 있더군요. 업체에서 제공하는 화려한 프레임과 디자인은 아니지만 아이들이 효율적으로 학습할 수 있도록 열심히 만들었습니다. 몇 년을 새벽 4시 넘도록 매일매일 만들었습니다. 대단한 워크시트는 아니지만 저는 책 한 권의 내용이 담긴 워크시트 하나를 만들 때마다 리더스북 한 권당 네 번은 넘겨보며 만들 수밖에 없었습니다. 시간을 오래 투자했지만 '시간=돈'인 만큼 프랜차이즈 업체에 주는 비용을 절감할 수 있었고 많은 학부모님들이 '공장에서 만든 옷'이 아닌 '핸드메이드'로 봐주셔서 차별화될 수 있었습니다. 또 수업을 하며 부딪치는 시행착오를 거쳐 이것저것 수업에 적용해보며 커리큘럼은 점점 진화화가 되었습니다.

지금도 새로운 것을 적용해보고 바꾸고 아이디어가 떠오르면 또 적용해보느라 분주하고 제 학생들도 지루할 틈이 없습니다. 자리를 잡아 그 비율이 점점 줄어들곤 있어도 여러 가지를 시도하는 성격 때문에 제 스스로 어쩔 땐 피곤하지만 어쩔 수 없는 것 같습니다. 고수 원장님들도 물론 저만큼 아니 저보다 더 열성적으로 자체 워크시트도 만들고 더 번뜩이는 아이디어로 운영하실 겁니다. 그런 고수들을 가끔 뵙기에 치기어린 잘난 체일까 걱정도 되지만 혹시라도 그렇지 않은 분들이 계시다면 발품 팔 듯 시간의 품도 팔아 독창적인, 세상에 하나밖에 없는 나만의 커리큘럼이나 워크시트를 만들어 보면 어떨까 합니다.

영어도서관에 꼭 필요한 원서는?

아서 스타터(Arthur starter)

시리즈는 8살인 주인공 아서가 학교나 집에서 겪는 일들로 이뤄진 이야기입니다. 아서 어드벤처 시리즈에 비해 레벨은 낮고 글 밥이 페이지당 3~5줄 정도라 저학년 아이들은 이 스타터 시리즈부터 읽히는 것이 좋습니다.

수업을 하다 보면 학생들이 아서가 무슨 동물이냐고 많이 묻는데요. 아서는 땅돼지입니다.

아서 이야기를 보다 보면 아서의 친구들과 동생 D.W.도 자주 나와요. 우정, 가족 등 미국 문화와 일상 생활에서 겪는 일들을 해결해나가는 모습을 배울 수 있어서 미국문화도 배우고 정서교육에도 탁월한 원서입니다.

아서 어드벤쳐 시리즈(Arthur Adventure Series)

1976년 첫 번째 책 출판을 시작으로 30년 이상 사랑받아 온 스테디셀러 Arthur Adventure Series입니다.

Arthur는 책 뿐만 아니라 영화나 TV시리즈로도 여러 차례 제작되었고요. 전 세계적으로 사랑받는 캐릭터입니다. 특히 Arthur Adventure 시리즈는 미국 초등학교 2~3학년 교과서에는 거의 빠지지 않고 수록되는 시리즈입니다. 국내에서도 원서로 공부하는 아이들은 필수로 아서 시리즈를 본답니다.

엘로이즈(ELOISE)

Ready to Read 시리즈 중 하나입니다. 주인공의 이름은 엘로이즈이고 나이는 6세. 뉴욕 호텔 꼭대기 층에 보모와 살고 있어요. 주인공이 엄청 말썽꾸러기인데 의외로 여자아이들이 이런 캐릭터를 좋아하더군요. 보모 아주머니나 개인레슨 선생님은 엘로이즈 때문에 골치아파하시는 모습을 많이 보이는데 아이들이 책을 읽으며 저한테도 참 많이 묻는 질문이 엘로이즈는 엄마아빠가 안 계신지, 무슨 돈으로 뉴욕 호텔에서 살면서 보모와 개인레슨선생님까지 있는지 궁금해 하면서' 부자인가보다.'라고 추측하며 아이들의 귀여운 면모와 호기심 어린 동심을 발견할 수 있는 재밌는 수업 현장을 만들어냅니다.

리틀 크리터(LITTLE CRITTER)

남학생 여학생 모두 좋아하는 리틀 크리터 시리즈입니다.

이 책은 가족관계에서 벌어지는 일, 캠핑, 애완동물 키우기, 농장일하기 등 초등학생 아이들이 흥미를 끌 주제로 구성이 되어 있어요.

이 책의 저자는 300권이 넘는 그림책을 출판했다고 하는데 대부분 자신의 어린시절 있었던 일을 담았다 해요. 그래서 그런지 생생하고 더 몰입해서 볼 수 있는 매력이 있습니다.

스콜라스틱 헬로 리더(Scholastic Hello Reader)

미국 유치원 및 초등학교 읽기 교육과 연계하여 개발된 대표적인 읽기 교재 시리즈입니다. 수준별로 세분화되어 있고, 다양한 이야기가 담겨있는데요.

파닉스를 마친 아이들이 부담없이 책을 읽으면서 영어를 익힐 수 있게 하는 교재이고 난이도에 따라 5단계로 나뉩니다. Level 1에서는 짧은 문장을 통해 영어의 반복되는 패턴과 어휘, 파닉스 공부도 할 수 있고요. 문장이 쉬워서 엄마표 영어를 시작하시는 엄마들이 필수로 구매하는 책이기도 합니다.

Level 2 이상에서는 언어의 활용도가 확대 심화되어 과학, 수학, 인물, 스포츠 등 다양한 분야의 글을 접할 수 있습니다.

보통은 레벨 1~2정도까지가 인기가 가장 좋은 것 같습니다. 미국에서는 낱권으로 판매를 하는데 우리나라는 전집 선호도가 높아서 그런지 박스로 레벨 묶음으로 판매를 하는 곳이 많고 선생님들이나 부모님들도 보통 전집처럼 박스로 구매를 하는 추세입니다.

프로기(FROGGY)

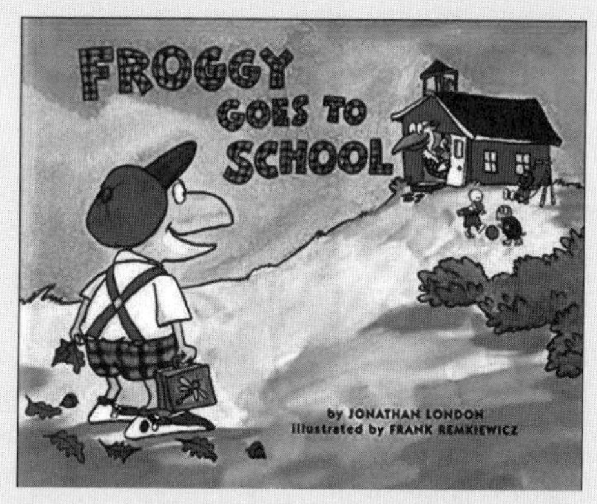

전 세계 어린이들이 좋아하는 Froggy 시리즈입니다. 주인공은 개구리고요. 주인공은 수다쟁이에 장난꾸러기지만 마음씨가 착하고 친절합니다. 할로윈데이, 크리스마스, 발렌타인데이와 일상을 담은 이야기들이 담겨 있어요. 첫 등교 때 떨리던 마음, 병원가기 두려워 하는 모습 등 어린이들의 일상생활이 담겨있어서 감정을 몰입하며 아이들이 재밌게 읽는 책입니다.

또한 예절에 대한 이야기도 담겨있어서 교육에도 좋은 책이기도 합니다.

협업으로 힘을 키워라

함께하면 더 큰 시너지를 내는 공부방

"안녕하세요?"

"네, 누구시죠?"

"혹시 여기 동에서 영어 공부방 하시는 분 맞죠?"

밖을 나갔는데 처음 보는 여자분이 말을 걸어오더군요.

"네, 맞아요."

"아, 저는 두 달 전에 10층에 공부방을 오픈했어요. 그런데 아이들이 없어서요. 밖에서 걷고 있는데 아이들이 죄다 선생님 집으로 올라가는 거 같아서 물어보니 영어를 배우러 간다고 하더라고요."

"아, 하하. 그래요?"

"네. 사실 오랫동안 경력 쌓고 연대 대학원도 나왔는데…… 그것도 안 먹히고……. 홍보도 했는데 생각만큼 아이들이 모이질 않네요. 죄송한데 아이들 좀 보내주시면 안 될까요?"

그렇게 같은 동에 한 선생님을 알게 되었습니다. 저는 처음 오픈한 마음을 헤아리며 아이들을 소개해 주었지요.

한 번은 집에 있는데 벨이 울렸습니다. (띵동) "누구세요?" 하며 문을 열자 한 여자분이 바카스 한 박스를 들이밀며 쓱 들어오시더군요.

"저기요, 선생님 뭐 좀 물어보려고요. 제가 이번에 옆동 10층에 이사 와서 수학 공부방을 하려고 해요. 아이가 어린이집 다녀서 늦게까지 일하러 나갈 수가 없어서 집에서 공부방 하려고 하거든요."

"아~ 네."

"그런데 보니까 엘리베이터가 항상 선생님 집에 멈추고 애들이 내리더라고요. 그래서 보니 여기가 영어 공부방이더라고요. 한 수 배우러 왔어요."

저는 바카스 디밀며 한 수 배우러 다닐 그런 넉살은 없어서 그분이 귀엽기도 하고 적극적인 모습에 이런저런 이야기를 들려드렸습니다. 그 선생님은 내 얘기를 주의 깊게 듣더니 "그런데 보니까 아래에 차들이 좀 대기를 하고 있던데……." 하며 의아한 표정으로 저에게 묻더군요.

그 당시 멀리서 아이들을 라이드해주며 차를 대기시키고 기다리신 분도 있었고 어떤 분은 남편분이 중간에 대기하고 계시기도 해서 수학선생님이 보기엔 뭔가 있나 보다라고 생각하신 듯 했습니다. 한 학부모님은 농담으로 웃으며 "선생님, 이제 라이드하기 버거워서 옆으로 이사 갈 꺼니 이사 가지 마세요"라고 혹 부담을 주시더니 진짜로 다음 달에 이사도 오셨습니다. 바로 옆동으로요.

동네에서 눈에 띄지 않게 공부방을 운영하는데 과분한 사랑을 받으며 아이들을 보내주셔서 감사했지만 한편으로는 부담스럽기도 했습니다. '내가 뭐라고 이렇게 많은 사람들이 눈여겨보고 노하우를 얻으러 오고 소개도 부탁하는 거지' 우쭐한 마음보다 겁이 나고 솔직히 무서웠습니다.

〈누군가 당신을 지켜보고 있다〉, 〈나는 네가 공부방에서 한 일을 알고 있다〉 coming soon! 이런 공포영화 같은 느낌이 들기도 했고 〈트루먼쇼〉의 짐캐리처럼 내가 24시간 감시당하고 있는 건가 부담스러웠습니다. 또 블로그를 통해 염탐하는 주변 공부방도 생겨났고요. 그래서 많이 부담스러웠습니다. '동네가 정말 좁구나'를 다시 한 번 느끼기도 했습니다.

아무튼 과목이 달라서 함께하기로 하고 협업을 하고 있습니다. 상가에 보면 영어수학학원이 같이 붙어 있는 경우가 많은데 서로 시너지 효과를 내기 때문이니까요. 영어와 수학은 매칭이 잘 되는 커플 같습니다. 그런데 수입은 영어 공부방이 더 좋은 편입니다. 일단 아이들이 영어조기교육을 많이 받고 수학은 학습지를 하다가 초등 고학년이 돼서야 배우는 경우가 많기 때문입니다. 그래서 수학 공부방을 오픈하신 분이라면 영어 공부방을 찾아가서 협업을 요청하는 것이 상대적으로 이득입니다. 주변에 타 과목의 공부방이나 교육기관이 있다면 콜라보레이션 하시는 방법도 세를 확장하는 방법이라 추천드립니다.

〈임보라의 ONE POINT 멘토링 레슨〉

17. 공부방 전단지 홍보 노하우

Q 공부방 오픈한지 5개월 차인데요. 전단지를 한 번 돌렸는데 받은 전화라곤 문의전화 4통이에요. 그리고 상담으로 이어진 건 한 건이고요. 전화로 간만 보시고는 직접 오시질 않네요. 그래서 이번에 다시 전단지를 붙이려고 하는데 1주일 게시하고 내는 비용치고는 효과가 크지 않은 것 같아요. 전단지 한 번 더 할까요? 아니면 직투는 어때요? 효과적인 홍보방법 좀 알려주세요.

A 사실 전단지 홍보의 효과는 거의 없다고 봐야 해요. 생각해보세요. 우리도 아파트 게시대에 각종 전단지를 유심히 읽어보나요? 먹고살기도 바쁜 세상에 전단지를 꼼꼼히 읽어보는 분은 많지 않아요. 대문 앞에 붙이는 직투 전단지도 보통은 대문 앞에 그런 게 붙어 있다면 지저분해 보여서 일단 떼서 버리지 않나요? 정말 지금 딱 찾고 있는 곳이 아니면요.

전단지를 붙이실 때 '천장을 붙였으니 적어도 몇 백 명은 오겠지'라고 기대하시면 마음만 힘들고요. 그냥 '여기 이런 게 생겼어요'라고 알리는 정도로 생각하세요. 물론 전단지로 회원을 많이 모았다는 분들도 종종 계세요. 그러나 그게 드문 거지 대부분은 효과가 미미합니다.

관계우선의 법칙

센스 있는 소개와 관계를 낳는 법

사람은 센스가 있어야 합니다. 눈치 없이 분위기 파악 못하고 시덥잖은 농담이나 하는 사람을 환영하는 사람은 없습니다. 사업을 하는데 있어서도 센스와 하나 더 융통성이 필요합니다.

전에 학원 창업을 하려고 알아 봤던 폐업한 장소가 공무원이 퇴직하고 식당을 한 곳이라고 했었죠? 부동산 중개인은 그분이 너무 융통성 없이 공무원처럼 고지식하게 운영하다 망한 거라고 하더군요. 센스와 융통성은 맥락을 같이 하는 것 같습니다. 센스도 융통성도 없으니 식당이 잘 될 리가 없었겠지요.

모 대기업 상무님을 개인지도 할 때 개인적 이야기를 하게 되었는데 그분의 골프 모임은 key men만의 모임이라고 하셨습니다. 키맨 모임에는 비슷한 위치의 사람들로 구성이 되어 있지만 아무리 비슷한 위치의 사람이라도 인간성이나 사회성 제로인 사람은 끼워주지 않는다 하시며 사회생활엔 스펙보다 더 중요한 것이 사회성 있고좋은 성격, 그 안에는 겸손함 포함 융통성 있는 사람이라고 하셨습니다. 여러 임원분들을 만나 영어수업을 하면서 저는 그분들의 '열정', '부지런함', '매너' 등을 되레 배우기도 합니다.

한번은 학원을 운영하는 친한 동생과 전화 통화를 하는데 이런 말을 하더군요.

"얼마 전에 학생 한 명 소개받았네."

"그래? 소개 잘 안 해주는데 누가 해줬어?"

"응. 옆에 논술 학원 원장님."

"그래, 잘되었네. 그럼 보답이라도 해드려."

"다 내가 잘 가르치니 그런 거지. 영어를 나만큼 잘 가르치는 사람이 어딨어. 진짜 엉터리 강사가 얼마나 많은데."

"선생님아! 너보다 잘 가르치는 사람 많거든요? 그러지 말고 선물이라도 들고 가 봐. 혹시 아냐? 소개 또 해줄지……."

그 동생은 자기가 정말 잘난 줄 아는 사람이기에 "아, 뭐 하러! 없어보이게" 하더니 며칠 뒤 전화가 왔습니다.

"선생님 말대로 작은 케이크 하나 사서 감사하다고 찾아갔는데 오늘 또 누굴 소개해 주더라."

"그것 봐. 선물 싫어하는 사람이 어딨냐."

친한 동생이기도 하고 영어 실력이 훌륭하다는 것은 저도 인정하는 부분이지만 겸손이 좀 부족한 원장님이었습니다. 그래도 제 말에 귀 기울여 코칭한 대로 행동했다는 것에 그나마 다행이다 싶더군요. 선물을 받고 싫어하는 사람은 없을 것입니다. 간혹 센스 있는 학부모님들은 가장 배고플 시간에 김밥이나 샌드위치를 아이 편으로 보내며 요기하시며 지도하시라 하는데 그럴 때 참 감사하고 힘이 납니다.

반면에 참 센스 없고 기운 빠지게 하는 학부모님도 있습니다. 전집판매 영업을 하시는 분이셨는데 평소 요구도 많이 하면서 전집 좀 사달라고 카달로그를 집 앞에 놓고 가시더군요. 그것도 스승의 날에 말입니다. 그날이 만우절이었으면 좋았으련만요. 살포시 김훈의 《밥벌이의 지겨움》이라는 책을 선물드리고 싶은 심정이었습니다. 보니까 주변 학부모에게나 타 원장님들에게도 눈치 없이 본인이 몸담은 회사의 전집을 사달라고 영업을 하셔서 기피대상이 되셨던데 안타까웠습니다. 영업을 하든 사업을 하든 '성공'을 하려면 평소 센스 있고 융통성 있게 관계를 이어야 하는데 말입니다.

센스 있고 융통성 있는 관계 우선의 홍보를 하라

세계적인 비즈니스 전략가인 빌 비숍의 책 《관계우선의 법칙》에 따르면, 낡은 성공 방정식은 '제품 우선의 법칙: 제품×커다란 숫자=성공'이라고 합니다. 이것은 19세기와 20세기 초기에는 세상 변화의 속도가 빠르지 않았고 경쟁도 심하지 않았기 때문에 그리고 지금처럼 SNS를 통해 고객이 정보를 빨리 접할 수도 없어서 제품만 주구장창 개발하면 성공을 했다고 합니다.

그러나 지금은 그런 시대가 아닙니다. 더 이상 제품의 질로만 밀어붙인다고 성공을 한다는 방정식이 성립되지 못합니다. 결론은 고객에게 초점을 맞춰야 한다고 합니다. 그래서 내놓은 새로운 성공 방정식은 '고객과의 긴밀한 관계×차별화된 상품=성공'입니다. 이것이 관계우선의 법칙의 핵심 내용입니다.

기네스북에 오른 자동차 판매왕 지라드의 책《누구에게나 최고의 하루가 있다》에서도 한 사람 한 사람을 소중히 하는 것이 영업 경쟁력이었다고 밝히고 있습니다. 그 사람의 스펙, 실력도 중요하지만 사회성, 겸손, 융통성, 센스가 없다면 결코 성공하지 못한다고 생각합니다.

김경준딜로이트 컨설팅 대표도 이렇게 말합니다.

"영업은 물건을 파는 것이 아니라 마음을 파는 것, 마음을 주는 것이라고 합니다. 제가 우리나라 유수의 백화점 영업을 총괄하는 분을 만난 적이 있는데 그분이 '제품에 따라 저관여 상품과 고관여 상품이 있는데, 고관여 상품은 고객이 고민을 하는 상품이죠. 그런데 정말 유능한 영업인은 저관여 상품을 고관여 상품으로 만든답니다. 어떤 여직원이 꿀을 파는데, 꿀은 라면 정도를 조금 넘는 저관여 상품입니다. 그런데 그 여직원은 6개월 만에 꿀 매출을 2배 이상 늘렸답니다. 너무 신기해서 보니 고객과의 관계를 잘 맺더랍니다. 이 여직원을 다른 지역으로 보냈는데 놀랍게도 꿀 고객들이 그 여직원을 따라가서 구매하더라'는 거죠. 이게 물건을 팔지 말고 마음을 주는 것이라는 말과 일맥상통하는 것 같습니다."

지금 당장 관계우선의 법칙을 염두에 둬 보시고 주변을 돌아보면 어떨까 합니다.

각종 수업 아이디어

핀란드 사람들이 영어를 잘하는 이유?

한때 우리나라에서 핀란드 교육이 열풍을 일으켰습니다. 조기교육도 없고 시험도 없는데 OECD국가 중 국제학업 성취도 1위인 나라인 핀란드, 게다가 핀란드 사람들은 길거리에서 장사를 하는 사람들도 영어를 거리낌 없이 구사해 혹할 만했습니다. 핀란드 영어 교육에 대해 조사한 방송을 보면 학교에서 영어로 말하고 쓰고 배우는 몰입식 영어 교육이라고 합니다. 하지만 이건 실체를 모르는 겉핥기 방송이라고 생각합니다.

핀란드인이 진짜 영어를 잘하는 이유는 바로 'TV' 때문입니다. 개인적인 이야기를 하자면 남편의 전 직장이 외국계 회사였는데 같이 일하는 동료들이 NOKIA 출신의 핀란드인들이었습니다. 한번은 모임에 나가 동료들을 만났는데 정말로 영어를 거침없이 잘하더군요. 그리고 술도 거침없이 잘 마시더군요. 핀란드 속담에는 "SAUNA, 술, 타르가 도움이 되지 않는다면 그 병은 분명 치명적인 것이다"라는 말이 있을 정도로 술을 좋아합니다. 술잔이 오고 가는 틈에서 그들에게 어떻게 영어가 모국어가 아닌데도 영어를 잘하는지, 언론매체에서는 학교 교육이 잘되어 있다던데 사실이냐고 물어보았습니다.

그런데 남편 동료들의 대답은 달랐습니다.

"우린 영어방송을 보고 자라서 영어를 다 해."

핀란드 인구는 800만 밖에 안 되는 작은 나라이기 때문에 자체방송사가 없습니다. 대부분 미국이나 영국에서 방송을 수입하기 때문에 태어나면서부터 영어방송을 보게 된다는 것입니다. 그래서 중학생이 되면 모두들 미국 드라마는 불편 없이 시청이 가능하고 유튜브도 주로 이용한다고 하더군요. 공교육의 대단함이 아니라 이미 취학 전에 가정에서 영어 실력이 갖춰지는 것이더라고요. TV가 아예 없는 집도 있고아이들 TV 시청 방지를 위해 영상을 보여주면 아이 뇌에 심각한 손상이 된다는 보고도 있지만 너무 단편적인 연구결과가 아닌가 하는 생각이 들었습니다.

제 개인적으로는 저희 아이들에게 TV 시청을 금지하지는 않습니다. 뭐든 극단적인 방법은 좋지 않다고 생각합니다. 부모가 콜라나 인스턴트 음식을 못 먹게 하는 집 아이는 그런 음식에 더 집착을 하고 집을 나와서는 몰래 먹는 경우가 많습니다. 원래 "하지 말라"고 하면 더 하고 싶은 것이 사람 심리니까요.

아이가 관심있는 분야의 자료를 총망라해서 보여줘라

제 둘째 아들은 집에 있는 영어원서 중에 심해 아귀에 꽂혀서 2살부터 그림도 심해 아귀만 그리고 심해 아귀 책만 끼고 다녔는데 선물로 심해 아귀 장난감을 사달라기에 검색해보니 우리나라에는 없더군요. 그래서 구글 검색을 해서 해외에서 장난감을 구입도 하고 우리나라 검색엔진에서는 자료가 많지 않아 심해 아귀 자료는 구글과 유튜브에서 보여 줬습니다.

아기 때 꽂힌 리더스북 과학편 책

심해 아귀 장난감 과학상자로 응용해 만들기

구글에서 뽑아 준 프린트 따라 그리기

유튜브에 “ANGLER FISH”라고 치니 정말 많은 영상들이 나와서 아이가 보고 또 보고 안 보여주면 울 정도였습니다. 그런데 어느 날 많은 영상을 봐서 그런가 “ANGLER FISH, VIPER FISH, GIANT SQUID, VAMPIRE SQUID…….” 하며 심해 동물들에 대해 단어를 줄줄 말하더군요. 가지치기를 하며 영어동요 동영상도 숱하게 보았습니다. 어느 날 아이 태권도 관장님도 아이가 태권도장에서 흥얼흥얼 노래를 하는데 영어발음이 좋아서 깜짝 놀랐다고 하셔서 역시 엄마가 영어를 가르쳐서 그런가 보다 하셨답니다. 그런데 저는 정말 아무 것도 가르쳐준 적이 없고 그냥 주변에 책과 유튜브를 틀어준 것 밖에는 없었습니다.

심해 아귀 책에서 구글링으로 또 유튜브 영상으로 이동되더니 연결된 링크 영상을 죄다 보며 그렇게 자연스럽게 영어를 익히게 된 계기가 되었습니다.

거기서 얻은 아이디어로 저는 학생들에게도 가끔 유튜브를 이용해 수업을 합니다. 아이들이 관심 있어 하는 부분을 검색하여 보여주고 지식도 쌓을 수 있고 리스닝에도 발음 향상에도 도움이 되니까요.

추천 유튜브

- supersimple song
- ted-ed
- V O A
- British council

〈임보라의 ONE POINT 멘토링 레슨〉

18. 공부방 정보 염탐에 대처하는 방법

Q 며칠 전 뭔가 이상한 느낌을 주는 상담 전화 한 통을 받았습니다. 아이에 대해서는 잘 말하지 않고 얼마를 받는지, 무슨 교재를 쓰는지 물어서 이야기를 다 해드렸는데 계속 이것저것 묻기에 일단 상담을 오시라고 했더니 직장을 다니느라 늦게 끝난다며 대면 상담을 피하시더라고요. 전화를 끊고 나니 너무 화가 나요. 대처 못한 제가 바보 같고요. 염탐 상담! 어떻게 대처할까요?

A 일단 축하드려요. 염탐 전화를 받았다는 것은 동네에서 선생님의 입지가 굳어지고 유명하다는 반증 아닐까요!
저도 염탐 전화를 몇 번 받아본 적이 있는데요. 첨에 저도 선생님같이 화가 났었는데 나중엔 웃음이 피식 나오더라고요. 아이가 초중이라며 두 명을 상담하면서 그것도 전화로는 못 하시고 문자로만 계속 보내고 얼마냐고 묻더라고요. 저는 다 대답을 해드렸어요. 염탐이라는 확신이 80프로 정도 들더라고요. 나중에 '카카오 톡'으로 등록해서 보니 아이들 사진이 초중은커녕 5살 정도와 초등 저학년 정도의 아이였어요.
아무래도 육아하며 공부방을 하려고 이제 알아보시나 보다 생각했고 동네가 좁으니 곧 알게 되었어요. 같은 지역에서 이제 막 오픈한 영어 공부방이라는 것을요.

그 후에도 염탐전화가 몇 번 왔었는데 그때마다 적당하게 묻는 건 답변해 주었어요. 아무리 염탐을 한다 해도 그 사람은 제가 아니기에 뭔가를 따라 할 수는 없거든요. 고작 교육비만 따라 할 수 있겠지요.

추천 보드게임

스크래블(Scrabble)

세계 경제 대공황으로 혼란스럽던 1938년. 미국의 건축가 알프레드 버츠Alfred Mosher Butts는 십자낱말풀이와 유사한 단어 연결하기 놀이를 보드게임으로 만들었는데, 이것이 바로 '스크래블Scrabble'이다. 이 게임은 지금까지 전 세계에서 1억 개 이상 판매되며 세계적인 베스트셀러로 자리잡았다.

스크래블은 알파벳을 배열해 단어를 만들어 나가는 게임이다. 먼저 7개의 알파벳을 받고 게임을 시작하는데, 이것으로 여러 개의 단어를 구상해 본다. 예를 들어 'RAIN비'이라는 단어를 가로로 만들었다면, 다음 사람은 왼쪽에 'T' 하나만 놓아 'TRAIN기차'라는 단어를 만들 수 있다. 이 외에 알파벳을 세로로 놓아 새로운 단어를 만들 수도 있다. 알파벳을 놓는 칸 중에는 보너스 칸이 있는데, 알파벳을 놓을 때 보너스 칸을 차지하도록 하는 것이 유리하다.

보글(Boggle)

스크래블이 알파벳을 조합해 영어 단어를 만드는 게임이라면, 보글Boggle은 16개의 알파벳에서 찾을 수 있는 영어 단어들을 떠올려 보는 게임이다. 보글에는 16개의 알파벳 주사위가 있다. 주사위가 들어 있는 큐브를 '보글보글' 흔들면 알파벳이 랜덤으로 나타날 것이다. 이 16개의 알파벳들을 조합해, 찾을 수 있는 모든 영어 단어들을 종이에 적어보자. 제한시간은 3분. 3~4글자 단어는 1점, 5글자 단어는 2점, 6글자 단어는 3점……. 등으로 계산하면 된다. 가장 많은 점수를 얻은 플레이어가 승리한다.

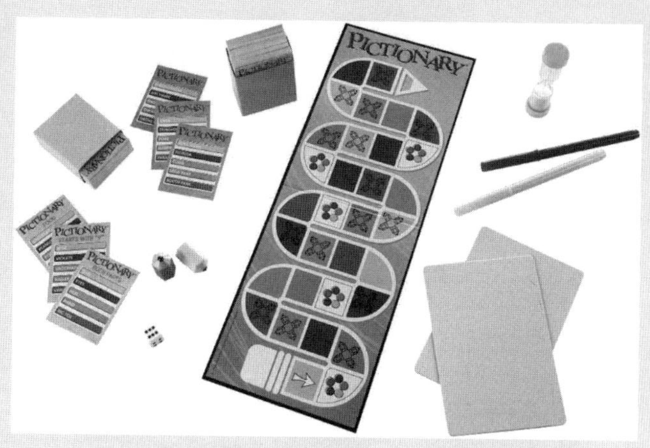

픽셔너리(Pictionary)

20세기 무렵, 게임과는 전혀 관계가 없을 것만 같은 '그림 그리기'를 게임에 적용하는 사람이 나타난다. 1980년대 초반, 미국 시애틀에서 웨이터로 일하던 롭 엔젤Rob Angel은 친구들과의 파티에서 사전에 있는 단어 중 하나를 임의로 정하고 그림을 그리면서, 친구들에게 자신이 그리고 있는 것이 무엇인지 맞히도록 했다. 이는 단지 파티를 조금 더 재미있게 즐기기 위한 여흥으로 시작했던 것이다.

그는 이 놀이를 어떻게 하면 더 재미있게 할 수 있을지 고민하다가, 1985년 드디어 현재와 같은 '픽셔너리Pictionary'를 만들었다. 'Picture그림+Dictionary사전'라는 이름을 통해 이 게임이 어떻게 만들어졌는지 살펴볼 수 있겠다.

게임 규칙은 간단하다. 먼저 각 팀에서 그림 그릴 사람을 한 명씩 정한다. 자기 팀이 게임을 할 차례가 되면, 그림을 그릴 사람은 단어 카드를 뽑고 해당 단어를 그림으로 그린다. 다른 팀원들은 모래시계가 떨어지기 전에 그가 그리는 그림이 무슨 단어인지 맞혀야 한다. 정답을 맞히면 주사위를 굴려 게임말을 움직일 수 있으며, 못 맞히면 제자리에 멈춰 있어야 한다. 다음으로 다른 팀이 게임을 진행하면 된다.

픽셔너리는 다른 보드게임에도 큰 영향을 끼쳤다. '스퀸트Squint', '백시트 드로잉Backseat Drawing', '크래니움Cranium', '포트레이얼Portrayal', '몬스터 말러Monster Maler'와 같이 직접 그림을 그리는 게임은 물론이며, '타부Taboo', '제스처Gesture', '타임 업Time Up'과 같이 팀원 중 한 명이 일정한 제약을 가지고 단어를 설명하고 다른 팀원들이 그 단어를 맞히는 방식의 게임에서 픽셔너리의 흔적을 발견할 수 있다. 이 정도면 가히 하나의 장르를 개척한 게임이라고 평할 수 있겠다.

제 6 장

잘나가는 엄마표 공부방 꿀팁 대공개

말 안 듣는 아이들, 어찌하나?

선생님에겐 부드러운 카리스마가 있어야 한다

"우리 엄마가 준 돈 받으면서 선생님이 뭔데 나한테 이래라 저래라 하세요? 우리 엄마도 뭐라고 안 하거든요?"

중고등 학원을 운영하는 학원 원장선생님이 수업 중에 학생에게 꾸지람을 하다가 실제로 들은 이야기입니다. 요즘 아이들, 참 버릇없습니다. 다 그럴까요? 그리고 눈치도 빠릅니다. 아이들은 눈치가 빠르기 때문에 상대를 봐가면서 버릇없이 구는 경향이 있는 듯합니다. 집안 분위기에 따라 엄마보다 아빠가 무서우면 아빠한텐 꼼짝 못하기도 하고, 부모보다 할머니, 할아버지한테는 더 버릇없게 구는 경우도 많죠. 아이들 입장에서는 만만한 상대에게 함부로 행동을 합니다.

많은 선생님들이 아이들 다루기를 힘들어 하시는 경우를 봅니다. 툭하면 "여기 끊어버릴 거예요", "아이씨, 짜증나"라고 말하고 조금 더 머리가 큰 아이들은 "선생님, 애들 끊으면 선생님 힘들지 않겠어요?"라고 하는 아이들도 있습니다. 학원이나 공부방 커뮤니티에 가보면 되바라지게 말하는 아이들 때문에 상처받아 울기도 하고 '내가 이 짓을 계속 해야 하나' 하며 직업에 깊은 회의감을 느끼는 분들을 봅니다. 또 어떤 선생님들은 그 자리에서 폭발하며 화를 내시기도 하고요.

어떤 원장님은 아이들이 "왜요? 싫어요! 쳇, 치사해"를 세트처럼 말하고 다녀서 교육업에 염증을 느끼고 아이들 자체가 싫다고 하세요. 이렇게 한 아이가 물을 흐려 놓으면 다른 아이들에게도 전염이 되어 "공부하기 싫다. 안 다닌다" 라면서 선생님들을 장염, 위염까지 걸리게 하기도 합니다.

저의 경우는 어떠냐 하면……. 사실 이런 일로 스트레스 받은 적은 거의 없습니다. 아예 없다면 거짓말이지만 99%는 무난합니다. 하나를 알려주면 둘을 까먹거나 학습 이해력이 부족한 아이들 때문에 속이 터진 적은 있어도 버릇없는 행동을 하는 아이들은 가뭄에 콩 나듯 합니다. 버릇없는 행동을 한번 시도했다가 다들 '깜짝' 놀라기에 미수로 그치는 아이들도 있습니다.

말 안 듣는 아이 통제하기

첫째, 카리스마가 있어야 합니다.

이 부분은 어느 정도 타고나야 합니다. 안타깝지만 말입니다. 저는 제 캐릭터를 잘 모르지만 주변사람들과 학부모님들이 '카리스마' 있다, '포스'가 있다고 합니다. 조금 덜 순화해서 말하는 분들은 '만만치 않다', '보통 아니게 보인다', '쎄다'라고도 하십니다.

사실 알고 보면 여리고 상처도 쉽게 받는데 겉으로 보이는 이미지는 그런가 봅니다. 아이들은 눈치가 빨라서 그걸 더 빨리 캐치하는 것 같습니다. 특히 첫날 수업이 중요합니다. 첫날 첫 단추를 잘못 끼우면 학년이 끝날 때까지 힘들다는 건 학교 선생님들도 토로하시는 부분입니다. 아이들은 이 선생님이 만만한지 내가 기어올라도 되는지를 기가 막히게 파악합니다. 그런데 제가 가르치는 대부분의 아이들은 한번 쓰윽 쳐다보기만 해도 조~용해집니다.

둘째, 잔소리를 하지 마세요.

잔소리하면 어떤 단어나 이미지가 떠오르세요. '아빠와 잔소리'보다는 '엄마와 잔소리'가 잘 매치되지 않으세요? 엄마=잔소리, 잔소리=엄마. 《잔소리 없는 날》이라는 책이 20만 부나 팔렸다고 하니 아이들은 잔소리가 정말 싫은가 봅니다.

미국에서도 다르지 않은지 'mother'는 동사로 '잔소리하다'라는 부정적인 뜻으로 쓰입니다. 'don't mother me!' 하면 '잔소리하지 마!' 이렇게 쓰이고요.

아내의 잔소리, 엄마의 잔소리는 남편들에게 또 아이들에게 소음일 뿐입니다. 남자들이 무서워하는 말 중에 하나가 "여보, 나랑 잠깐 얘기 좀 해"라고 하죠. 남자들에게 이보다 더 공포스러운 말은 없다고 합니다. 아이들도 엄마의 잔소리를 질려 하는데 선생님마저 잔소리라니.

하루는 한 아이가 짜증을 내며 "아~ 수학 숙제를 안 했는데요. 선생님이 일장연설을 30분이나 해대는 통에 수업진도 하나도 못 나가고 짜증나 죽는 줄 알았어요" 하며 투정을 부리더군요. 저는 잔소리를 안 하는 편입니다. 그냥 "그러지 마라", "앞으로 잘해라" 그리고 끝! 웬만해서는 이렇게 넘깁니다. 잔소리한다고 나아지는 것도 없고 피차 서로 피곤하기 때문인 것을 오래 전에 알아버렸고 그리고 성향상 잘 안 합니다.

셋째, 규칙을 정하세요.

잔소리를 길게 안 하는 이유는 바로 '규칙'을 세워 운영하기 때문입니다. 숙제를 안 하면 그에 따른 벌칙이 있습니다. 아이들의 핑계는 여러 가지죠.

"주말에 할머니네 가서 늦게 와 못했어요.", "숙제 했는데 놓고 왔어요.", "잃어 버렸어요" 등등의 핑계를 늘어놓습니다.

그럼 선생님들은 "미리미리 숙젤 하고 놀러 갔어야지.", "진짜 한 거 맞아? 거짓말 하는 거 아냐?", "어디서 잃어버렸어? 정신이 있니 없니? 너 거짓말 하는 거 아냐?"라고 말하게 되고 아이들은 "아……. 진짜예요. 했는데 왜 안 믿어 주세요"라고 대꾸합니다.

그럼 또 선생님은 "안 믿는 게 아니라 이게 한두 번이니? 너 저번에도 그랬잖아. 네가 믿게끔 했으면 선생님이 이러겠어?" 하고 짜증 섞인 반응을 하게 되죠.

그럼 또 아이도 맞받아칩니다. "저번에는 잃어버린 게 아니라 수학 학원에 놓고 온 거고요."

이렇게 끝없는 소모전이 계속됩니다. 그래서 운영하시는 데는 규칙이 꼭 필요합니다.

사례를 통한 대처법

그러면 구체적으로 어떻게 대처를 해야 하는지 실제 저의 노하우를 공개하고자 합니다.

사례 1. 숙제를 못했어요

아이: 선생님, 주말에 여행 갔다 집에 늦게 도착해서요. 숙제를 하려고 했는데 못 했어요.

나: 음……. 선생님한테 이유 말할 필요 없어. 지금 그래서 내 눈앞에 숙제가 보이니 안 보이니?

아이: ……. 안 보여요.

나: 그럼 네 이유가 100개여도 소용 없는 거야.

아이: 네…….

사례 2. 숙제를 잃어버렸어요

아이: 선생님, 숙제를 분명 했는데 아침에 찾아보니 어디 갔는지 없어요.

나: 음……. 선생님은 전혀 그 이유가 안 궁금해~.

아이: (침묵)

나: 내 눈앞에 숙제가 안 놓여져 있으면 이유를 불문하고 숙제 안 한 거나 마찬가지라고 그게 규칙이라고 말했지? 또 숙제를 마지막까지 잘 챙겨서 가져오는 것도 숙제의 완성 중 하나라고도 했고. 그래서 네 이유는 숙제를 안 한 거나 마찬가지라고 이미 말했잖니.

아이: ……. 네.

규칙을 정하면 아이들과 끝없는 소모전은 거의 없습니다. 대화가 간단명료하게 종료가 됩니다. 그러니 잔소리도 없습니다. 못했든 안 했든 분실했든 어찌되었든 완성하지 못한 숙제는 그냥 넘어가지 않습니다. 반드시 다시 해 와야 합니다. 그날 분량의 숙제까지 하면 부담이 되니 아이들은 웬만하면 잘 해오는 편입니다. 만약 "다음부터는 잘 해와" 하고 끝난다면 한 번 싫은 소리 듣고 그렇게 숙제를 안 하면 그만이거든요. 이런 부분에 대해서는 부모님께 미리 말을 해둡니다. 원의 철학과 규칙에 동의할 수 없다면 안타깝지만 내 학생이 아닌 것이라고 생각합니다.

제가 이렇게 하면 씩씩거리며 "여기 끊어 버릴 거야"라고 하는 아이가 있습니다. 보통 저에게 길들여진 아이들은 "선생님~ 얘가 끊어버린대요" 하며 이르거나 "야! 눈앞에 숙제가 없는 건 안 한 거나 마찬가지야. 몰라? 나도 저번에 그랬거든. 핑계 대지 말고 다시 해와. 그게 규칙이야"라고 하며 아이들이 제 아바타 노릇을 해주기에 웃음이 날 때가 많습니다.

사례 3. 안 다닐 거야

아이: 씨~ 짜증나. 나 여기 끊을 거야. 엄마한테 당장 끊어달라고 할 거야.

나: 시간 끌지 마. 지금 선생님이 전화해줄게. (통화신호) 안녕하세요. ㅇㅇ가 숙제를 안 했는데 엄마에게 말해서 끊어달라고 한다네요. 공부하기가 힘든가 봐요.

아이: …….

사례 4. 말끝마다 쳇!흥!칫! / 말대꾸하는 아이

말끝마다 참내…… 훙……. 치……. 치사해!를 하거나 말대꾸하는 아이들이 있습니다. 이럴 땐 어떻게 할까요?

나: ㅇㅇ야. 글씨 예쁘게 써야지. 선생님이 하나도 못 알아보겠어.

아이: 치……. 훙! 치사해.

나: 선생님이 방금 네가 한 말을 못 들었는데 '큰 소리로' '또박또박' 다시 말해줄래?

아이: (흠칫……. '아 뭐가 잘못 됐구나' 느낌)

나: ㅇㅇ야~ 선생님은 네 친구가 아니야. 어른한테는 그렇게 말하면 안 되는 거야. 예쁜 얼굴로 왜 그렇게 말하니? 다시는 그렇게 말하지 않는다고 약속해.

이렇게 하며 새끼손가락을 내밀면 엉겁결에 걸어버립니다.

방법은 절대 큰소리로 격양되어 말하지 않고 조용히 친절하게 하지만 단호하게 전달합니다. 아이들한테 고함만 지르고 무섭게 나오면 아이들이 겁을 낼 것으로 착각하는 선생님들이 많은 것 같습니다. 그래서 저 아는 한 선생님은 진짜 눈 화장을 무섭게 하고 다니십니다.

"선생님, 아이라인 화장 너무 진하다. 완전 쌘 캐릭터 언닌데?"

"응. 내가 눈 화장 지우면 완전 순댕이처럼 보이거든. 그래서 일부러 쎄게 화장하고 다녀. 애들이 만만히 볼까 봐."

그런데 효과는 별로인 것 같았습니다. 하루는 "아휴, 열 받아. 어찌나 애들이 말대답을 톡톡 하는지……." 하고 별 효과가 없음을 토로합니다. 무섭게 보이려는 화장과 목소리는 큰 효과가 없습니다. 아이들도 다 알고 있습니다. 옳고 그른 게 무엇인지를요. 이렇게 하면 아이들이 그만둘 것 같고 이러다 나 문 닫아야 되는 거 아닌가 싶기도 하시지요? 그런 두려움이 '촉' 좋은 아이들에게 전해지니 "우리 엄마가 돈 주는데 왜 나한테 뭐라고 해요?" 소리가 나오는 겁니다.

저는 선수를 칩니다. 공부 안 하는 아이들에게는(저학년보다는 고학년들에게) "너희 엄마아빠 열심히 일하셔서 학원비 내주시는데 너희는 전기세

내주러 다니는구나. 난 이런 돈 죄송해서 못 받아. 돈 아까우니 다닐 이유가 없는 것 같아. 너희들은 어떻게 생각하니?" 이런 말을 들은 아이들은 선생님을 상대로 '협박'을 하지 못합니다.

다시 한 번 말씀 드리지만 '부드럽고', '단호하게' 이야기해주셔야 합니다.

그럼 아이들이 선생님을 안 좋아할 것이라 생각하시나요? 오히려 그 반대입니다. 아이들은 친절할 때 친절하고 단호할 때 단호한 선생님을 좋아하고 또 쉽게 보지 않습니다. 어떤 아이는 놀러가서도 "선생님 책 좋아하시지" 하며 책갈피도 사와 내밀고 편지도 써주고 합니다. 어떤 아이는 엄마에게 이사도 못 가게 한다고 하기도 하고요. 대부분의 아이들은 제가 그럼에도 불구하고 수년째 다니는 아이들입니다.

저는 '아이들이 착해서 그런 건가……'라고 생각한 적도 있었습니다. 그런데 귀여운 제 학생 중 하나는 학교에서 담임의 문제아로 찍히고 다른 학원 선생님은 그 아이가 젤 산만해서 내보내고 싶다고까지 한다는 걸 알았습니다. 그런데 제 공부방에 와서는 세상 착한 모범생 행동을 하니 참 아이러니죠.

또 제 학생 중 한 명은 다른 학원에 가서는 선생님한테 반말로 "이거 아니잖아. 싫다구~" 하며 온갖 생떼를 쓴다고도 들었습니다. 그런데 희한하게도 제 공부방에서는 조용히 묵묵히 공부만 합니다. 한 아이 왈 "선생님, 걔……. ㅇㅇ요. 완전 두 얼굴이에요. 여기서는 얌전한데 피아노학원이랑 미술학원에서는 엄청 떠들고 선생님한테 막 반말하고 짜증내요."

그러면서 아이들이 특정 선생님에게 반말을 쓰니 전염이 되어신지 죄다 반말을 한다더군요. 그래서 "그 선생님 어때?" 하고 물어보니 이구동성 "착해요"라고 하는데 그 말투가 꼭 자기 친구 소개하듯 "그 애 착해~" 하는 투로 들렸습니다.

개인적으로는 아이들의 입에서 '선생님 무서워요~'보다 더 싫은 말이 '선생님 착해요'인 것 같습니다. 선생님이 '착하다'니요. 동료 선생님에게 들어야 할 것 같은 단어를 아이들 입에서 듣는 것 같아 마치 아이들이 선생님을 동료로 생각하는 것은 아닐까 싶거든요. 저학년들은 표현이 서툴러 구체적으로 말을 못하는 편이기도 하지만 고학년들은 이렇게 말합니다.

"그 선생님 엄해요. 그런데 애들이 좋아해요. 저도 ㅇㅇ선생님이 좋아요. 무서울 땐 무서운데 재밌을 땐 재밌고 잘해주세요."

아이들에게 어떤 선생님으로 바라봐지길 원하시나요?

〈임보라의 ONE POINT 멘토링 레슨〉

19. 지각과 결석하는 아이에 대한 대처방법

Q 결석이 잦은 학생이 있어요. 매번 다른 타임에 보충을 해줬고 그런 아이들이 많아져서 메인타임 수업이 어렵네요. 이것도 소문이 나는 건지 어떤 부모님은 아이 데리고 캠핑을 간다며 '보충은 다음 주중에 해 주세요' 또는 '토요일에 해주세요'라고 하며 보충을 당연시 하셔서 화도 나고 스트레스 받습니다. 어떻게 해야 할까요?

A 저런……. 미리 규정을 만드셨으면 좋았을 텐데요. 회사에도 사규가 있듯이 아무리 작은 공부방을 한다 해도 이 또한 1인 사업이니 규칙을 만들어보세요. 부모님께 보충은 마음대로 빠져서 해주는 게 아님을 명시하시고 규칙안내문을 보내세요. 다만 독감이나 전염병, 입원 등으로 결석하게 되는 경우 부모님과 협의 후 융통성 있게 해결하면 좋습니다.

참고로 꼭 결석하는 아이들이 계속 결석하더군요. 그런 아이들의 실력도 제자리걸음인 것도 참 신기하고요.

돈 들이지 않는 홍보 노하우

내 자녀가 내 공부방의 얼굴이자 걸어다니는 광고판이다

공부방을 운영하며 자녀가 홍보의 톡톡한 역할을 하는 경우를 많이 봅니다. 제 아이는 미취학아동이라 아직 그 역할을 해주지는 못하지만 주변을 보며 좋은 사례가 있어 소개해 보고자 합니다.

사례 1. 전교 1등 아이를 둔 영어 공부방

새로 오픈한 A공부방은 아이들이 금새 몰렸습니다. 그 공부방 원장님 아들이 중학교에 올라가 전교 1등을 했기 때문입니다. 전교 1등을 한 이후로 많은 중학생 학부모들이 그곳으로 가서 상담을 하고 등록을 하고 있습니다. 게다가 초등 고학년 아이들 부모님들도 흡수가 되고요. 중요한 것은 아이가 전과목을 두루두루 잘해서 전교 1등을 거머쥐었기에 소문이 잘 났습니다.

반대로 초등학교 때는 영어를 아주 잘해서 사람들의 주목을 받던 한 공부방의 원장님의 아이가 중학생이 되자 영어 빼고는 잘하는 과목이 없어 성적이 그냥저냥이라 인기도에서 밀린 공부방도 있습니다. 그래서 그런지 공부방 하시는 원장님들은 자식 교육에 더 많은 투자를 하시고 신경을 쓰십니다. 그리고 현재 자녀가 학교에 다니고 있는 분들은 운영하느라 바쁘시겠지만 아이에게 신경을 많이 써주셔야 한다고 생각합니다.

비단 홍보 때문은 아니지만요. 일단 원장님의 아이가 공부를 못하면 주변 학부모들의 안주거리에 맛있는 안주가 되어 씹힙니다.

"자기 아이 성적이 별루면서 어떻게 남의 아이를 잘 가르치겠어?" 하며 의심의 눈초리로 신뢰를 주지 않으니까요.

사례 2. 외고를 입학한 딸을 둔 원장님의 공부방

외고에 입학하게 된 학생을 둔 B 공부방.

원래 공부방을 운영하시던 분은 아니셨습니다. 지금은 외고의 인기가 주춤하지만 그렇다고 아예 한 물 가지도 않았습니다. 전직 영어 선생님이었던 원장님의 지도하에 딸이 외고에 입학하게 되었고 마치 싸이가 미국 진출을 노리고 강남스타일을 만든 게 아닌데 '강제미국진출가수'가 된 것처럼 많은 학부모님들의 요청에 의해 한 명 두 명 가르치다 보니 홍보물 하나 없이 강제진출 공부방이 되어가고 있습니다.

사례 3. 똘똘한 아이를 키우는 C피아노 공부방

똘똘이 민희 양은 학교에 입학하자마자 많은 선생님들의 칭찬과 사랑을 받고 있습니다. 엄마들도 자녀들에게 "너네 반에서 누가 공부 잘하니?"라고 물으면 아이들이 모두 "민희요"라고 말을 합니다. 마침 민희 양의 어머니가 피아노레슨을 한다는 것을 알게 된 학부모님들은 그곳으로 피아노를 배우도록 자녀들을 보내 주십니다. 워낙 똘똘한 민희는 못하는 게 없어서 학교 공부는 공부대로 피아노는 또 피아노대로 잘 칩니다. 영어도 잘하는 민희 덕분에 민희가 다니는 제 영어 공부방에 따라 들어오는 아이도 많았습니다. 자녀의 활약으로 민희 엄마의 피아노 레슨은 날로 인기가 많아지고 있습니다.

사례 4. 서울대와 명문고에 다니고 있는 학생 둘을 둔 수학 공부방

큰 아들은 서울대를, 둘째 딸은 명문고등학교에 입학한 자녀를 둔 수학 공부방이 있습니다. 아빠가 아이들을 끼고 가르쳐 두 자녀를 명문고와 서울대에 보냈다고 합니다. 글씨체 하나 삐뚤어지는 걸 용납 못하는 굉장히 엄하고 강단 있는 수학 선생님이신데 초반엔 무서워서 탈퇴한 아이들도 꽤 있었지만 선생님의 큰 아들이 서울대에 입학하자 그 엄함이 서울대에 보낸 초석이라고 믿는 마법이 일어났는지 어머니들은 꾹꾹 참고 그 수학 공부방에 보내십니다. 그 다음해엔 작은 딸이 명문고에 들어가자 학부모들의 믿음은 더 굳건해졌고 중 고등 외에도 초등의 문의도 늘어났습니다. 태도도 잡히고 까부는 아이들은 엄한 선생님이 필요하다는 요구에 부합하면서 말이지요. 그렇게 아이들이 늘어나면서 부부가 제 2의 인생을 맞이하게 됩니다.

중·고등 수학은 성적을 내야 하기에 엄한 남편 분이, 좀 더 유한 아내 분은 초등학생들의 수학을 전담하여 은퇴 후에도 고소득을 올리고 계십니다.

잘 키운 자녀, 열 홍보수단 부럽지 않습니다.

내가 인터넷카페에 안 가는 이유

내가 인터넷카페에 안 가는 이유

사람은 목적에 따라 움직이는 동물 같습니다. 공부방 개원 전에는 차곡차곡 눈팅을, 오픈을 막 했을 초보일 땐 막상 운영하는데 노하우도 없고 학생은 모집이 안 되어 답답한 마음에 카페에 출근도장을 찍었습니다. 그곳에서 많은 원장님들의 하소연과 답답한 마음을 읽고 위안을 얻고 '다 힘들구나' 하는 생각을 했습니다. 이게 참 위안이 되더군요. '나만 이렇지 않다', '다들 힘들다'.

카페를 들락날락거리다 보니 문득 뭔가 아닌 것 같단 생각이 들었습니다. 위안도 받고 서로 파이팅도 외쳐주며 웬지 따스한 울타리 안에 있는 느낌이어서 카페창을 항상 켜두고 산 것 같습니다. 그런데 사이다 같은 '해결'

이라는 녀석은 그곳에 없더군요. 그저 위안만 있을 뿐이었죠. '아프니까 청춘이지……. 그럼 그렇고 말고'에서 '아프면 환자지 청춘이냐?'라는 시니컬한 태도로 변하면서 이제 그 해결책도 없는 위안과 토닥거림이 좀 물렸던 거죠. 이런다고 뭐가 달라지는 것도 아니고 매일 같은 상황에 시간만 축내고 있는 것 같았습니다. 그리고 더 안 좋은 것은 자꾸 그 위로 속에 '자기합리화'를 하고 있었습니다. 나만 힘든 게 아냐. 다 힘들어. 이거 봐, 다 힘들다잖아…….

그런데 병원에 가면 세상에 아픈 사람만 사는 것 같고 가정법원에 가면 행복한 부부는 없는 것처럼 보이지만 밖을 조금만 나와 보면 활기차게 살고 열심히 운동하는 사람들이 보이고 행복한 커플들도 많습니다. 다만 나의 프레임의 차이일 뿐.

계속 온라인카페에 있으니 나도 너도 우리 모두 다 안 되는 것이 필연적이라는 생각을 합리화하게 되는 것처럼 느껴져서 오히려 더 우울해지는 날들로 바뀌더군요. 게다가 더 안 좋은 것은 안 그래도 힘든 사람들인데 그런 원장님들을 흔드는 컨설팅업체나 프랜차이즈 회사였습니다. 죄다 자기업체 홍보글이었고 그 사람들의 글들을 다 찾아보면 원장님들을 가장한 업자들이었습니다. 책을 추천하는 댓글들도 마찬가지였습니다. '냄새'가 났습니다. 알고 보면 출판사 직원이고 모두 업자들이었습니다.

물론 간혹 좋은 원장님들도 계셨습니다. 자기만의 노하우를 흘리기도 하시고 운영에 대한 팁과 커리큘럼에 대한 정보도 주시고요. 그런데 결국은 그분들이 대부분 떠나시더군요. 사람들이 조금 흘린 노하우나 팁에 감사함을 벗어나 "감질나게 만들고 있냐. 누구 약 올리냐. 노하우를 말하려면 화끈히 말하지 않고……"부터 "나도 다 아는 노하우니 그거 말고 당신이 그렇게 잘나가면 진짜 숨긴 노하우 보따리를 풀어서 네 능력을 검증해라!"까지……. 마치 물에 빠진 사람 건져줬더니 보따리 내놓으라는 것 같았습니다.

한 번 생각해보세요. TV 맛집에서 어느 정도는 오픈해도 결정적 소스의 비법은 오픈을 안 합니다. 노하우라는 것이 시간과 발품이라는 수업료의 결과물인데 너무들 쉽게 얻으려 하고 주지 않으면 마치 범죄인 마냥 몰아세우고 비난을 던졌습니다. 그렇게 소수 순수한 마음의 좋은 원장님들이 하나 하나 떠나가는 것을 보았습니다. 가끔 근처 공부방 염탐 전화나 상담 와서 교재를 카메라로 찍어가서 기분이 불쾌하다고 하면서 정작 남의 노하우는 너무 하대하는 경우가 많은 것 같습니다.

공짜 보충해달라는 학부모는 불쾌해하면서 노하우를 배우려는 데는 비용을 지불할 의사가 전혀 없는 사람들을 종종 봅니다. 그게 싫으면 환골탈태의 노력을 해야 하고 그 노력엔 수많은 시행착오와 고뇌 그리고 그 고뇌는 사람을 좀 늙게도 합니다. 그래서 그런 진짜 알짜배기 노하우를 공개하는 것도 바보고 그런 사람도 없습니다. 결국 그냥 하소연과 업자들의 향연 같은 느낌이 들었고 의도적으로 멀리 하며 '궁리'를 하고 수업 준비를 더 철저히 하니 어느 순간 아이들이 늘었습니다. 무엇보다 바빠지니 상담과 수업 준비를 하느라 밥 먹을 시간도 부족해져 들어가고 싶어도 시간이 없어 못 들어가게 되었습니다. 인원이 늘어나고 인기 공부방이 되면 내가 얼마를 버는지 계산할 틈도 놓쳐버리는 시기도 옵니다.

❀

제가 해드리고 싶은 말은 초반이든 과도기든 카페 눈팅은 어느 정도 참고만 하시는 게 성공에 더 다가가는 길인 것 같습니다. 누구도 나의 고민을 직접적으로 해결해 주지 못합니다. 차라리 그 시간에 직접 나서서 액티브하게 발로 뛰고 이런저런 시도도 해보고 아니면 오프라인에서 정말 믿을만한 멘토를 찾는 것이 더 믿을 만하다고 생각이 됩니다.

'궁즉통窮則通-궁하면 통한다'는 주역의 원리입니다. 궁하면 통한다는 것이 그냥 그 일을 내팽개쳐도 길이 생긴다는 것이 아니라 '궁구하다'라는 뜻입니다. 문제 해결을 위해 적극적으로 맞서면 해결방법을 찾을 수 있습니다.

〈임보라의 ONE POINT 멘토링 레슨〉

20. 형제자매 관리 요령

Q 학부모 한 분이 상담을 오셨는데요. 다둥이 맘이더라고요. 아이가 3명인데 모두 등록을 원하세요. 그런데 어디서 들으니 형제자매를 한 타임에 가르치면 좋지 않다고 들어서 망설여져요. 그렇다고 거절하자니 학생 3명을 놓치는 거라 아쉽기도 하고요. 어쩌면 좋을까요?

A 제 경험상 형제자매는 한 타임에 가르치면 꼭 탈이 나더군요. 특히나 형제보다 자매의 경우 티격태격하는 경우가 있어서 꼭 다투고 삐지고 하죠. 또 같은 배에서 낳았다지만 아이들 성향도 다르고 학습능력도 다르더라고요. 어느 집은 큰 아이가 공부를 잘하는가 하면 어떤 집은 큰 애보다 작은 아이가 공부를 잘하고요.

그러다보니 같은 타임에 넣게 되면 한 명이 위축되거나 소심해지는 경향이 있어요. 또 다투다가 집에 가서 엄마한테 원에서 다툰 이야기를 일러서 다니기 싫다고 하는 이야기도 나오고요.

장기적으로 보시고 아이들을 다른 타임으로 넣으시는 게 좋습니다.

학부모와의 소통 꿀팁

공부방 운영의 핵심은 관리

학부모 입장에 서서 생각해보세요. 교육기관에 내 아이를 맡겨 놓고 가장 궁금한 것이 무엇일 거 같으신지요? 그것은 내 아이가 잘하고 있는지, 무엇을 배우며 어떤 활동을 하는지일 것입니다. 많은 학원에서 월 말에 통신문과 레포트 개념의 평가표를 작성해서 보냅니다. 그러나 대형학원급의 화려한 평가표보다 진심을 더한 소통이나 한마디가 더 나을지도 모릅니다. 수많은 학원 틈에 틈새시장인 공부방은 소수 인원으로 가르치기에 밀착지도가 가능하고 아이들과 개별적으로 친분을 맺을 수도 있고 많은 이야기도 나눌 수 있는 것이 메리트입니다.

학부모들은 똑똑하고 현명합니다. 아주 브랜드 인지도가 큰 몇 대형학원을 제외하고 대형 및 중소 학원이 하락기로 이미 접어든 이유가 학령인구가 줄어들고 경제가 어려운 것이 요인이기도 하지만 학부모들의 누적된 평가 때문이기도 합니다. 무슨 말인가 하면, 인지도에 비해 가방만 들고 전기세만 내주는 것 같고 인원이 많아 우리 아이가 세세히 케어를 못 받는 느낌을 받기 때문입니다. 대형 어학원 시스템에 적응 못하는 아이들도 틈새시장으로 흘러 들어오기도 하지만 대형 학원의 화려한 커리큘럼에 혹해 갔다가 그게 다가 아니다 싶은 경험칙을 통해 둘째는 작은 소수정원 교육기관으로 보내고 주변에도 "내가 다~ 보내 봤는데 필요 없어. 내 아이 성향 맞춰주는 맞춤형 기관이 딱이야" 하고 구전효과를 내니 다른 학부모들도 움직이기 시작하는 겁니다.

핵심은 관리입니다. 관리가 소홀해서 상대적으로 인원도 적고 관리를 잘 해주는 소규모 그룹레슨으로 몰리니까요. 초등 영어의 핵심은 잘 가르치는 것은 '기본'이고 첫째도 관리, 둘째도 관리입니다. 그리고 셋째는……. 그것도 '관리'입니다.

초등·중학생 관리의 노하우

옛날엔 관리를 전화나 문자로 했다면 지금은 밴드, 온라인카페, 페이스북, 카톡 등을 이용합니다. 그중에서도 카카오톡이 대세입니다. 공부방의 숙제나 영상을 카페에 올리기도 하고 밴드로 가입하게 하여 소통을 합니다.

저는 카톡을 이용하는데 실시간으로 확인이 가능하고 편리한 것 같습니다. 사진을 보내도 확대해 보기도 편하고 동영상도 바로바로 확인할 수 있어서 개인적으로 잘 애용하고 있습니다.

요즘은 학원들도 강사들이 카톡을 많이 사용하고 있습니다. 비단 학원뿐 아니라 병원들도 경쟁이기에 실시간 카톡상담이 가능하도록 고객과의 밀착 관계서비스를 제공하고 있는 추세이고요.

카톡 활용법

1. 아이들의 특이사항이나 변화에 대해 실시간 상담을 할 수 있는 소통의 창구가 됩니다.
2. 수업 시 녹음을 짧게 해서 발표한 것을 음성녹음하여 전송합니다.
3. 사진이나 짧은 영상을 보냅니다.
4. 기존의 종이 통신문은 분실 위험이 있어 카톡으로 보내면 종이 절약도 되고 편리합니다.

학생을 가르치는 것은 베테랑이지만 학부모와의 소통은 아마추어인 분들이 의외로 많습니다. 그리고 안 좋아하시는 분들도 꽤 많고요. 특히 중, 고등을 가르치다 초등으로 내려오는 경우 더 많은 실수를 하시는 걸 봅니다. 중고등 학부모의 특징은 이제 내 아이의 수준을 알기에(초등 때는 '내가 천재를 낳았다'에서 중학교 첫 시험보고 현실파악⇒고등 때는 많은 것을 내려놓고 학부모활동 거의 안 함.) 그냥 성적만 잘 나오면 이거저거 묻지도 따지지도 않고 묵묵히 다니게 합니다. 그래서 중고등 선생님들은 '성적만 잘 내주면 되지. 번거롭게 무슨 자주 상담을 해' 하는 마인드를 가지고 계십니다. 일면 맞을 수도 있습니다. 초등보다는 학부모들이 문의도 그다지 많지 않으시고 중고등 선생님을 선택하는 건 엄마가 아니라 아이가 주도권을 가지고 가는 경우가 많으니까요.

그런데 한자리에서 15년째 소규모로 운영을 잘 하시는 제가 아는 분을 한 달 밀착 탐구할 기회가 있어서 매일 지켜보니 중고등부 티칭도 티칭이지만 '전화비 수백 나오겠다' 싶을 정도로 학부모와 전화로 상담보다 수다를 많이 하시더군요. 센스 있게 적절히 하시는 것 같아서 '그게 유지비결의 하나이기도 하구나'를 느꼈습니다.

하지만 뭐든 넘치면 안 좋습니다. 어떤 분은 관리를 한다며 너무 잦은 전화와 카톡을 보내서 어머니들이 피로감을 느낀다고 합니다. 눈떠 보면 카톡 줄줄이 와 있고 너무 쓸데없는 이야기도 많다고 하면서 그만두더군요. 원인은 그것보다 성적도 안 나오니 '성적도 못 내주면서 말만 엄청 많네'라고 소문이 안 좋게 났습니다. 아무래도 중고등부는 성적이 넘버1인데 거기다 관리까지 더해지면 차별화가 이뤄지는 것은 맞습니다.

중 고등부 선생님들이 가장 두려워 하는 아이들은 초등입니다. 초등부를 맡는 선생님은 마더테레사급 취급 받을 정도로 우리 초등들이 무섭습니다. 그리고 중등도 좀 무섭고요.(북한이 우리나라를 못 침범하는 이유가 무서운 중2들이 버티고 있기 때문이라는 말을 할 정도니까요.) 초등학생들은 가만 있지 않고 말도 많고 이리저리 잘 돌아다니고 갑자기 울기도 하고 도대체 종잡을 수 없어서 의자에 잘 앉아 수업 받는 중고등생들을 보시다가 육아 등 다른 이유로 초등수업으로 전향하시게 되는 중고등부 선생님들이 무척 힘들어 하십니다. 그리고 고객이 한 명이 아니라 더블이기에, 즉 요구 많고 궁금한 거 100가지 넘는 초등 학부모님들로 인해(특히 옆집 엄마 만나고 오면 궁금증 무한 증가) 스트레스를 받고 그러다 보니 전화를 피하는 경우도 많습니다.

다시 말씀드리지만 중 고등부는 아이들의 강사 선택권의 비중이 높지만 초등의 경우 99% 학부모가 선택권이 있습니다. 교육업, 특히 초등을 대상으로 운영을 하시겠다면 '관리'는 항상 더블이랍니다. 바로 학생과 학부모 관리인 거죠.

관리의 중요성 및 주의점

• 아이가 계속 다니고 싶어 해도 학부모와 오해가 생기면 단박에 이동을 할 수 있습니다. 제가 아는 원장님 한 분은 밴드를 통해 사진을 올리십니다. 그런데 자기 아이가 사진에 보이지 않거나 잘려 나왔다고 오해를 샀다고 해요. 단체 사진에 자신의 아이가 잘려 잘 나오지 않을 경우 항의가 이어지니 잘리지 않도록 사진 촬영할 시 주의하세요. 저는 이런 부분을 방지하기 위해 단체 사진은 잘 안 올립니다. 어차피 단체 사진을 보내 봐야 부모는 자신의 아이만 보이기 때문에 확대해서 자신의 아이만 봅니다. 재밌는 활동사진 외에는 보통 개인 사진을 올리는 게 여러 말이 안 들립니다.

• 고학년들은 사진 찍을 땐 주의하세요. 한 5학년만 되도 사진 찍는 것을 극히 싫어합니다. 찍자 그러면 얼굴 가리고 특히 중학생들은 더더욱 싫

어합니다. 딱히 그리고 고학년들은 활동할 것이 많지도 않거니와 부모님들도 저학년들과는 다르게 아이에 대한 관심이 지대함에서 내려놓음으로 가는 시기라 많이 궁금해하지도 않습니다.

• 학부모들은 자신의 아이 사진에만 관심이 많은 편이지만 다른 아이들을 더 유심히 보는 경우가 많습니다. 그것은 영상활동입니다. 우리 아이가 다른 아이에 비해 뒤처지지 않는지 궁금하고 촉각이 곤두서서 단체 발표영상을 보내게 될 경우 집에 가서 아이가 스트레스를 받을 경우가 있습니다. "누구누구는 발음도 좋고 유창하게 잘도 하더라. 근데 넌 왜 그 모양이야? 그러게 연습 좀 더 하라고 했어 안 했어?" 그래서 영상 보낼 땐 웬만하면 개개인 영상만 보냅니다.

• 모든 자료는 수업 마친 후 보내세요. 자칫 수업에 소홀히 한다 생각할 수 있습니다. 웬만하면 수업 종료 후 일괄 정리해서 보내기 바랍니다.

한 번 소통을 시작했으면 유지를 잘해야 한다

공부방뿐 아니라 요새는 학원도 영상이나 음성 파일을 전송하는 서비스에 박차를 가하는데 하다가 말면 역효과입니다. 학원 정보를 주고받는 카페에 보니 학부모들이 "ㅇㅇ학원 음성 전송 요새 어때요? 첨에 등록할 때는 매주 1번 이상은 보내주시더니 요새는 한 달에 한 번 보내주네요"라고 올라와 있습니다.

그 댓글에는 "저도 그래요", "원장님이 관리를 잘 못하는 듯요", "우리 아인 자주 오던데……. 이상하네요"라는 말이 나오고 그러다 보면 혹시 우리 아이만 차별하나 해서 문제가 될 수도 있습니다. 심지어는 "학원비 입금하니 그날 오던데 속 보여요"라는 댓글이 한 교육기관의 이미지를 바꿔 놓을 수도 있는 것 같아요.

이 글을 쓰다 보니 쓰면서도 참 지치고 아이들 가르치며 관리하는 게 힘들다는 것을 재확인합니다. 그러나 그래도 어쩌겠습니까. 세상에 만만한 일은 없으니 열심히 하는 수밖에요.

전국의 원장님들 파이팅 하세요.

에필로그

셋째를 출산했습니다. 사내아이 둘 키우기도 힘든데 제가 셋째를 낳았네요. 셋째 아이는 바로 이 책이랍니다.

흔히들 책을 낸 작가들은 책을 '자신의 분신'이라고 하더군요. '책 출판'이 아니라 '책 출산'이라고 하고 싶을 정도로 책 쓰기는 쉽지 않은 여정이었습니다. 이 셋째는 어찌나 까칠한지 손으로 매일 쓰다듬어 달라고 하더군요.

무슨 말인가 하면, 제가 4차 산업혁명시대에 어울리지 않게 아날로그형 인간인지라 컴퓨터를 켜면 글이 안 나와서 펜으로 꾹꾹 눌러 글을 쓰고 나서 노트북으로 옮겨 타자를 치는 '울트라 사서고생'을 했습니다. 말로 하면 하겠는데 글로 정리해서 쓰려니 왜 그리 펜이 나가지가 않던지요. 그중에서 첫 줄의 스타트 끊기가 가장 어렵더군요.

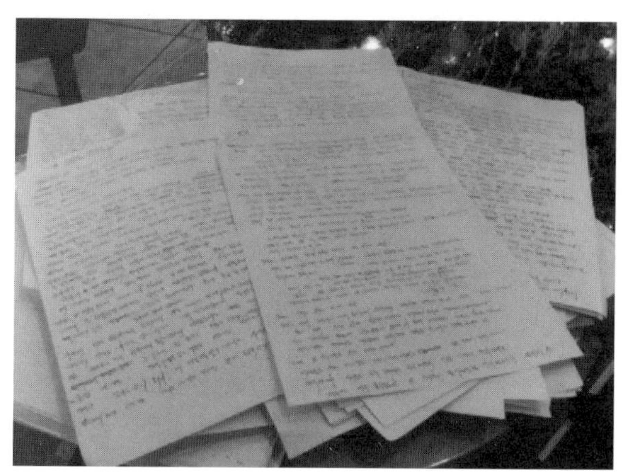

펜을 잡고 흰 종이 위에 머뭇머뭇 끔지락끔지락……. 내가 과연 200페이지가 넘는 양의 글을 쓸 수나 있을까 고민스러웠습니다. 쓰고 지우고, 긋고 또 쓰고. 손이 아프도록 어루만져 태어난 셋째!

금쪽같은 제 '분신'이 천덕꾸러기 취급받으면 어쩌나, 세상에 쓸모 있는 녀석이 되어야 할 텐데. 이왕이면 성공한 자식으로 컸으면 좋겠다 하는 것이 부모의 마음이죠. 이 녀석이 미움 받지 않고 이왕이면 예쁨을 받았으면 하는 것이 솔직한 제 마음입니다.

공부방 창업을 이미 하신 분 그리고 하실 분, 또 주변에 추천을 해주실 분 등등 어떤 분들이 제 책의 독자가 되실까 상상해봅니다.

처음 공부방 창업을 하려고 했을 때 어디서부터 해야 할지 막막했고 막상 오픈을 하고나서도 좌충우돌 참 많은 일을 겪었습니다. 연고지 없는 곳에서 맨 땅에 헤딩을 하며 헤쳐나간 이야기들과 노하우들이 이 책에 들어 있습니다.

누군가 그러더군요. 책이란 저자의 오랜 기간의 개고생을 단 돈 1만 원대의 책값만 내면 며칠 만에 홀랑 빨아 먹을 수 있는 가성비 갑인 투자라고요. 이 책을 통해 제 시행착오와 경험을 지팡이 삼으셨으면 좋겠습니다.

올해 갑상선암 수술을 했습니다. 착한 암이니 뭐니 해도 태어나 처음 받아본 '암'이라는 진단과 차가운 수술대에 올라가 수술을 하고 또 한동안 목소리가 나오지 않아 의기소침해졌습니다. 인생이 무엇인지 돌아보며 또 살아있음에 감사하게 생각하는 계기도 되었습니다.

연말, 저는 아이들을 남편에게 맡겨두고 카페에서 이렇게 마지막 에필로그를 쓰고 있습니다. 건강을 찾아 책 원고를 마무리하고 있는 이 시간이 참 소중하고 감사합니다.

요즘 출판시장이 정말 어렵다고 합니다. 책을 출간하려고 보니 그 어려움을 느낄 수 있었습니다. 그럼에도 불구하고 제 첫 책을 내는데 손을 내밀어주신 푸른영토 출판사의 김왕기 대표님과 맹한승 주간님에게 감사를 드립니다. 또 푸른영토 전 식구들에게도 감사의 인사를 드립니다.

그리고 일하느라 바쁜 엄마를 둔 두 아들에게 미안하고 또 고맙다고 말해주고 싶네요.

그 누구보다 저에게 힘이 되어 주고 희생하시는 친정엄마에게 이 책의 영광을 돌리고 싶습니다. 친정 엄마가 아니라면 창업과 일, 책 출간 그 아무것도 못했을 겁니다.

모두 성공하셨으면 좋겠습니다. 제 열정과 기를 전달받으실 것이라고 강력한 주문을 걸겠습니다. 책에는 다 못 풀어낸 비공식적 이야기들도 있어서 사뭇 아쉬움을 느낍니다. 차후 독자들과 오프라인에서 이야기할 기회가 오면 직접 뵙고 많은 이야길 나누길 희망하며 이만 펜을 내려놓으려 합니다.

2017년 12월

어느 추운 겨울 날, 다가오는 크리스마스 캐럴 송을 들으며

임보라 드림